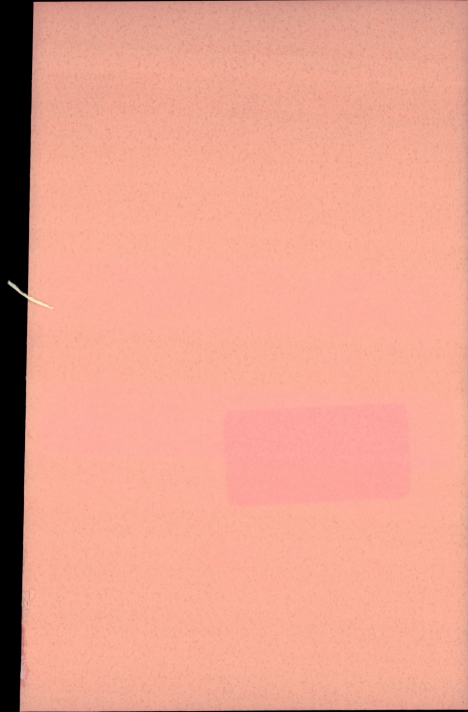

あ、バシャールだ！

地球をあそぶ。地球であそぶ。

BASHAR
ダリル・アンカ

Universal Share Project
HAPPY はっぴー
LICA りか
FUMITO ふみと
YACO やこ

VOICE

あ、バシャールだ！
地球をあそぶ。地球であそぶ。

USPが誕生した理由　～プロローグにかえて～

ユニバーサル・シェア・プロジェクト
FUMITO／LICA／HAPPY／YACO

まず、本書を手にとっていただき、本当にありがとうございます！　今回、ユニバーサル・シェア・プロジェクト（以下USP）の4人がLAまで飛び、憧れのバシャールと出会い、3日間にも及ぶセッションを実現させることができたのも、USPをずっと応援してくださっている皆さん方のお蔭です。心から感謝です！

そして一方、「バシャールは知っているけれど、USPって一体何者？」と思われる方もいらっしゃるでしょう。

少しだけ私たちのことを説明させてください。

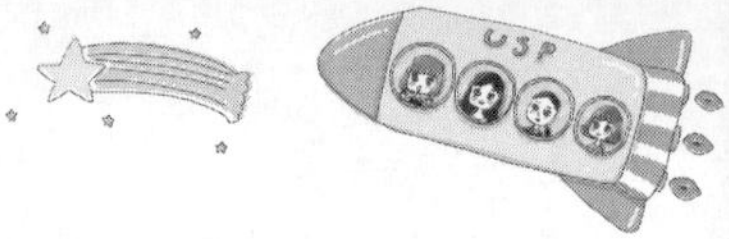

ＵＳＰとは、ＦＵＭＩＴＯ、ＬＩＣＡ、ＨＡＰＰＹ、ＹＡＣＯの４人で結成したチームです。それぞれのプロフィールは少し後で紹介させていただくとして、そもそもＵＳＰとは、ＦＵＭＩＴＯの心の中であたためられていたイメージなのです。

きっかけは、２０１１年の東日本大震災でした。福島出身のＦＵＭＩＴＯは当時、ごく普通の会社員として働いていましたが、東北一体を突然襲った未曾有の大震災により、自分達の街が一気に壊れ、多くの人々の命が大津波で消えていき、今まであったものが突如なくなったことに茫然自失の状態になり、激しい虚無感や無力感に包まれます。

そのとき、自分の中で長年培ってきた価値観、信じていたもの（バシャールとのセッションでこれらがビリーフであると気づくのですが、それは本編をお読みください）が一気に１８０度変わってしまったのです。

「自分は一体なにがしたいのだろう。自分はまだこの宇宙に生かされている。その大切な命を自分はどのように使いたいのだろう…」

そんなことを日々考えながら、ある日、テレビを見ていたら、小さなカナダ人少女と世界のスーパースター、レディ・ガガの感動的なストーリーが紹介されていました。

その少女、マリアはレディ・ガガの大ファンで、彼女がレディ・ガガの「ＢＯＲＮ ＴＨＩＳ ＷＡＹ（ボーン・ディス・ウェイ）」を歌う姿がＹＯＵ ＴＵＢＥで流されていて、世界中の視聴者がその美しい歌声に惹きつけられ、かなりの再生回数になっていました。

当時、レディ・ガガは世に知られるビッグアーティストであった反面、足を引っ張り誹謗中傷してくる人間たちも多かったそうで、このことを気に病み、ひどく落ち込んでいたそうなのです。そんなとき、この小さなマリアの映像を知人を介して偶然に知ったレディ・ガガは感動し、この歌をつくったときの純粋な心や喜び、情熱、ワクワク感すべてを思い出すことができたそうです。そして、マリアにコンタクトをとり、なんと、自分のコンサートのステージにマリアを招待し、一緒に「ボーン・ディス・ウェイ」を歌ったのです！　この二人に生まれた強い絆に強く感動したＦＵＭＩＴＯは、「これからは、

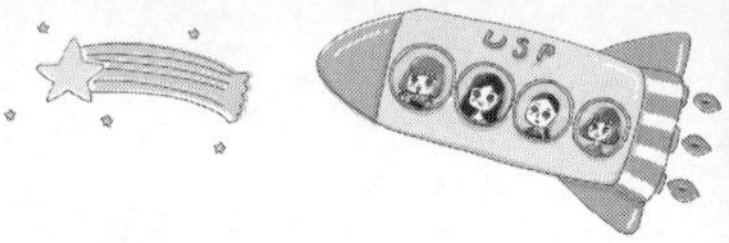

ユニバーサル（自分の心の宇宙）をシェアする（共有し合う）時代になる！」と直感し、「よし！　自分の心の宇宙に従って思い切り生きよう！」と決意しました。

「人種も、性別も、年齢も、国籍も、お金の有る無しも、職業も、なにも一切関係ない！

大切なことは自分がなにをしたいのか、なにをしているときが一番ワクワク出来るのか。その心の宇宙をみーんなでシェアして、どんどん楽しいこと、心がワクワクすることを一緒にやっていけたら最高じゃないか！」

この想いこそがＵＳＰの原型となり、現在の4名の中心メンバーが集まりました。面白いことに、元々、私たち4人はそれぞれがスピリチュアル業界とはまったく関係のない異業種で仕事をしてきた人間です。たとえば、ＦＵＭＩＴＯはファッションショーやイベントの演出家、ＬＩＣＡは元ファッションデザイナー、ＨＡＰＰＹは元ウェディングプランナー、ＹＡＣＯはＴＶディレクターとして、各分野でそれぞれが活躍してきました。

そして、たまたまＨＡＰＰＹとＬＩＣＡ＆ＦＵＭＩＴＯが同じ出版社から本を出していたというご縁でつながり、ニュージェネレーションのアメリカのベストセラー作家、パム・グラウト氏を日本に招致したいという強いワクワクの共通の思いから、ＨＡＰＰＹ、ＬＩＣＡ、ＦＵＭＩＴＯの3人が動き始め、そこに帰国子女で英語が堪能なＹＡＣＯもメンバーに加わり、スポンサーも一切ない状態で、２０１５年秋、準備期間わずか6カ月（！）でイベントを実現化させたのです。

ありがたいことにこの初イベントも成功裡に終えることができ、これを機にＵＳＰとして、多くの方々に向けて、「人生をもっとワクワク楽しもう！」というメッセージをさまざまな形で発信して参りました。

ＵＳＰが多くの皆様に共鳴共感していただけているのは、私たちがスピリチュアルな集団でもカリスマでもなく、４人がそれぞれ得意な分野で仕事をしてきて、一般の方々と同じ体験をたくさん乗り越えてきているからだと思います。そんな4人が、偶然のご縁で結ばれ、ＵＳＰという集団となり、私たちなりのメッセージを広く発信していったことで、スピリチュアルに興味がある人だけでなく、人生をもっとワクワクさせたいと思っ

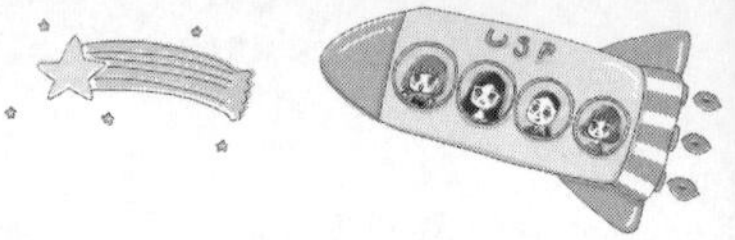

ている多くの方々が共感してくださり、これほどまでに大きく熱いヴォルテックス（渦）をつくれたのだと思っています。

そして、瞬く間に新たなご縁がどんどんつながり、ついに、私たちＵＳＰは、憧れのバシャールとの対談本を出版させていただけることにまでなったのです。これもまさに引き寄せパワーです。私たち4人は全員が前々からバシャールの大ファンで、ＬＩＣＡに関してはもう20年も前からバシャール本の愛読者という筋金入りです。

ですから、本書の企画をいただいたときには全員が二つ返事でＯＫ！　まさに天にも昇る気持ちでした。今回の本は、自分たちの心の宇宙に従って生きる、そして、それらを多くの人たちと共有することがコンセプトのＵＳＰにとっても、非常に重要なミッションのひとつになると直感しました。

そして、２０１６年８月27日〜29日の３日間、アメリカのＬＡでバシャールとのセッションを収録してきましたが、目の前に現れたバシャールが放つ圧倒的で力強いエネルギーには驚かされました。

3日間、累計約6時間以上にも渡るバシャールとの対話は、黄金色の果実がたわわになっている幻想的な森に突然投げ込まれたかのような、実に濃密で素晴らしいものでした。すべてのメッセージがいかに鋭く、的を得ていて、大きな愛に満ち溢れていたか、今でも4人の心のど真ん中に深く深く刻み込まれています。バシャールと過ごした3日間はまったく色褪せることなく、むしろ、日ごとに色鮮やかによみがえり、常に私たちの心の羅針盤となっています。

実は今回、この3日間のセッションが私たちUSPにとっても大きな岐路となったのです。この結末は、どうぞ、本編のバシャールとのセッション部分をお読みになってから、エピローグに移っていただけると嬉しいです。きっとバシャールが強く私たちに伝えたかったメッセージへの答えを自分たち自身で選択出来たと思っています。

（エピローグへ続く）

あ、バシャールだ！　地球をあそぶ。地球であそぶ。　目次

2016.08.27 1ST Day

I 「ワクワクの波に乗る3つの公式」を即実行！

2016.08.28
2ST Day

Ⅲ 物質次元での人生の醍醐味は「思い出すこと」

2016.08.29
3rd Day

V ハイヤーマインド、フィジカルマインド、ハートの三位一体で第三の眼が覚醒する!

Ⅵ「自分自身で在ること」こそが究極のミッション

2016.08.27 1ST Day

I

「ワクワクの波に乗る3つの公式」を即実行！

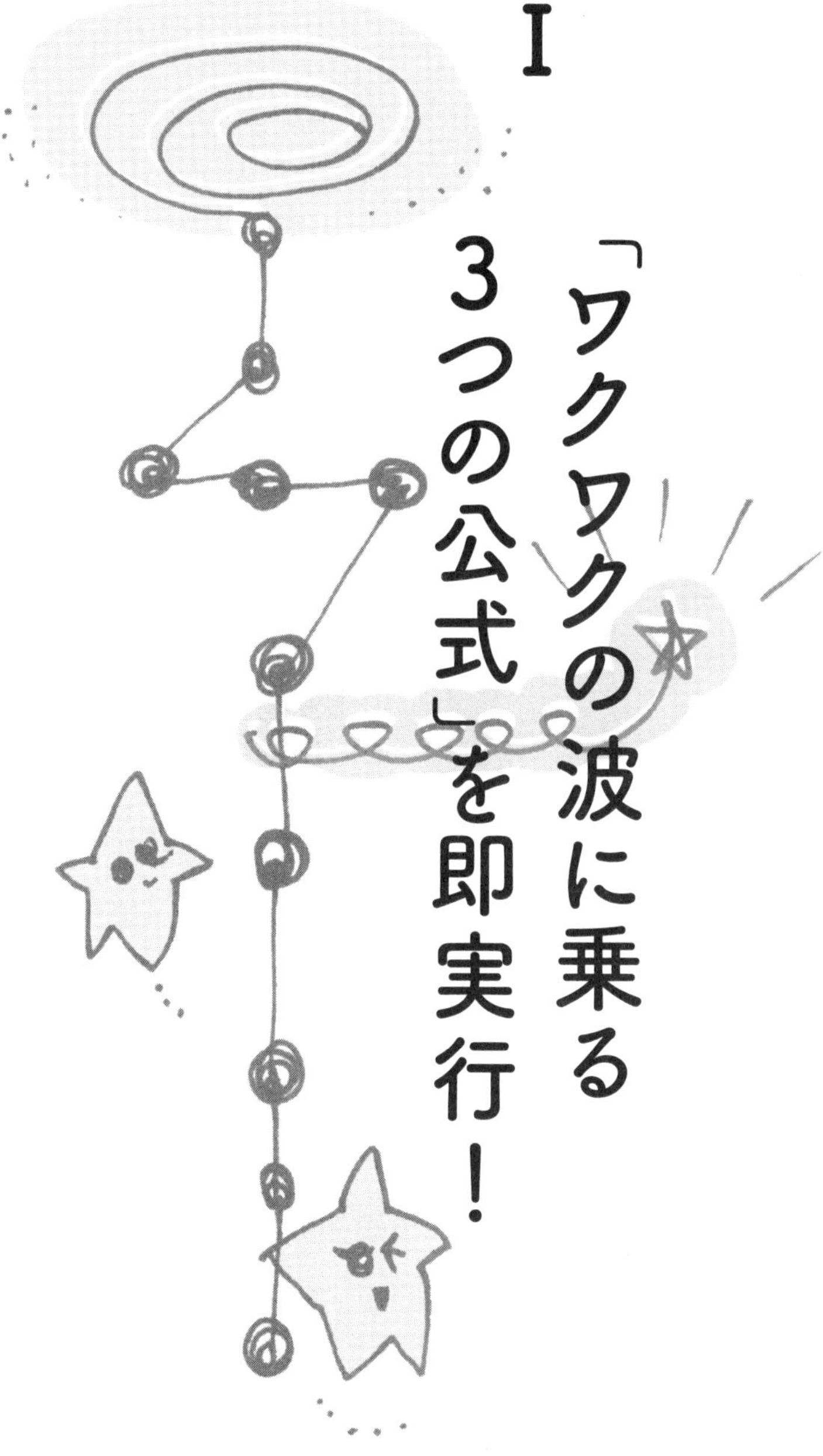

2016年秋、すでに地球は大変革が始まっている！

バシャール　今日は皆さんがどんな話をしたいのか、皆さんの好きな方向で話を進めてください。どんな話をしましょうか？

USP　はい。では、まず簡単に自己紹介をします！　ユニバーサル・シェア・プロジェクトのFUMITO、LICA、HAPPY、YACOです。

バシャール　はい、わかります。

USP ２０１６年の大きな地球の変化の直前に、まさにこのタイミングでここに来られたことに喜びを感じています。

バシャール こちらこそ、この交信の共同創造に参加してくださって感謝を申し上げます。

USP では、ひとつ目の質問からさせていただきます。２０１６年の秋のこの大きな転換期に関しての質問です。

バシャールがずっと長年にわたって伝えてくれている２０１６年秋の地球の大きなシフトがまさに目前に近づいてきました。今、地球上の人類に向けて、バシャールから最新メッセージを伝えてくださいますか？

自分がどんな状態でいたいのかを自ら選択する時代

バシャール

この「大きな変化」は、皆さんがどんなエネルギーで生きていたいのか、ということを選べる機会です。そして、好きなエネルギー状態にそのまま居続けることで、大きな変化を非常にポジティブな形で体験できる機会です。

変化の中には、すぐに明らかにわかるものと、それから、最初はすぐにわからないものがあります。

しかし、どんな形の変化であっても、それら対してポジティブに反応するためのチャンスなのです。ポジティブに反応していくと、ポジティブな結果を得たり、なんらかの恩恵を受けることになります。

これは、**地球の新しい時代、地球において新しい社会が生まれる新しい次元に入る変化です。**新しいアイディア、新しいコンセプトが登場してきて、皆さんはそのアイディアやコンセプトをよりクリアに、より意識的に選ぶことができるようになります。それは、皆さんがどのような地球を意識的に創っていくかという選択です。

皆さんが本当に望むステート（状態）はなにかを選ぶ時代、選択の時代です。そして、すべての行動を選んだステート（状態）から行うことで、皆さん自身の本当の波動と調和された形で生きていくことになります。

望んでいることと調和するような、そして、選択を促すような、速いスピードで起きてくる変化もあります。

しかしながら、**その人本来の波動とは調和していない在り方を選んだ人たちは、どんどんどんどん望む現実からは離れたところに行ってしまいます。**

わかりますか？

USP　すご～く、よくわかります。

バシャール　他には？

USP　その変化が起こるのは、個人的なものですか、それともより全体的な変化ですか？

バシャール　**もうすでに変化は起きています！**

その変化はまだ起きていないという前提に立って質問されているようなので、最初にお伝えしておきますが、すでにその変化は始まっていて、２０１６年の秋というのはその大きな変化が見えてくる転換期なのです。変化はすでに起きています。

その変化の兆候はたくさん見えています。

USP　具体的にはどのような変化が起こっているのですか？

バシャール　**個人的、社会的、政治的、経済的、科学的、環境的など、さまざまな分野のさまざまな次元で、さまざまな度合いの異なった影響が出ます。**

先ほどお伝えしたように、一部の変化はすぐにわかり、別の変化は最初はあまりわからないでしょう。しかし、そうした変化が後になって明らかになったとき、その変化のはじまりはこの時期（２０１６年９月）であったことを後から理解するでしょう。

ＵＳＰ　今、自分の意識が世界を創っていると認識している人間の数がまだ少ないように感じますが、これから加速度的に増えていくのでしょうか？

バシャール　増えていきますが、ポジティブな人生を生きるためには自分が現実を創っていることを知っていなければならないということはありません。

とはいえ、自分の意識によって自分が自分の現実を創っていることに気づく人の数は増えていきます。

「ワクワクを追求するための3つの公式」を実践する

USP　わかりました。バシャールの影響を受けた多くの人たちが、ワクワクに従って生きることが真の自分自身とつながって自分の望む現実を創れるということを十分に学んでいるのですが、日本人の気質としてなかなかそれをちゃんと100%理解ができていません。

バシャール　そうですね、このワクワクを追求する公式を細部に至るまで理解する必要があります。

わくわくの公式のキットがあります
キット
キット？
どうやってつかうの…
バシャール→

わくわくのキット
←発動中
あの場所なんか気になる♡ちょっと行ってみようかしら。
あら？あの子の顔がうかんだ。。
わくわく

ひとつ目は、一瞬一瞬、可能な範囲でもっとも高い次元のワクワクを行動に移す。

2番目は、そのワクワクをこれ以上できないというレベルに到達するまで、できる範囲で行動に移していく。

3番目は、能力の限りワクワクを行動に移し、その結果に対してまったく意図をもたない、まったく期待をしない、予想をしないことです。

この3つの要素が公式を細部まで実行する上で重要です。

この公式をしっかりやっていくと、ワクワク・キット(複数のツールからなるパッケージのようなもの)を活性化することとなり、あなたの役に立ちます。

するとどういうツールが活性化されるか。

公式を行動に移すとシンクロニシティが超活性化

この公式に従うと、以下のツールが活性化されます。

まずは、情熱があなたの人生をけん引してくれる原動力になります。

さらに情熱は、シンクロニシティを通して、なにをいつ行えばよいのかを正確に教えてくれる、秩序的な原則となります。

そして、それはもっとも抵抗が少ない道となり、人生がもっとも楽に、簡単に生きられるようになります。

そして、あなたが持っているすべての情熱のあらわれ、それぞれがどれほどかけ離れて違っているように見えても、あなたをすべての情熱へと導き、結びつけます。

さらに、自分の情熱とは相交えないものを鏡のように映し出してくれるので、それらを手放し、一方で自分の情熱にエネルギーを足すことができるようになります。

そして、あなたにとって大切なもの、重要なものをなにひとつとして落とさない完璧なキットになります。

ですから、行動を起こしたとき、その結果がどんな結果であれ、あなたがその結果に対してポジティブなエネルギーを持ち続け、ポジティブな関係を維持していけば、必ずツールキットを活性化することとなり、あなたが期待していたかどうかにかかわらず必ず恩恵を被《こうむ》ることとなります。

これらが公式の内容のすべてであり、必要なのはこれだけです。

いつ、誰と、どんなふうにワクワクしたいか？

USP

「細部にわたってやる」という部分が多分皆理解しづらいのだと思うのですが、たとえば、朝起きたときにお気に入りのマグカップでコーヒーを飲むとか、自分のランチに一番食べたいものを食べるとか、そういうことが細部にわたって選択していく、という意味なのでしょうか？

バシャール

あなたの情熱のすべての要素は、同じくらいエキサイティングでなければなりません。そうでなければ、あなたはワクワクから行動しているとはいえません。

ですから、**なにをしたらワクワクするか、ということだけでなく、どんなふうにワクワクするか、誰と一緒にワクワクするか、といったすべてを含みます。**

「細かいところまで公式をやる」といいましたが、一つひとつの要素が大切であるという意味でもあります。

説明しましょう。あなたは自分のワクワクに従って行動していると思っているかもしれません。しかし、可能な限り行動に移しているのか、さらには結果にはまったく執着せずに行動できているのか。私たちが細かいところまで、といっているのはそういう意味です。

「ワクワク→行動」の結果に期待も執着も一切しない

バシャール

なぜかというと、多くの人がワクワクに従って行動している一方で、その結果について特定の期待を持っています。そこに気がつかないまま、うまくいっていないと思うわけです。しかし、そうした人たちは公式の細かいところを実行できていないのです。特定の結果を望んでいるわけですから。

あるいは、ワクワクを最大限、行動に移していないかもしれません。あらゆる創造力を駆使せず、本当はいろいろな方法で行動に移せることに気づいていないのです。

わくわくのキットが
活動を開始すると、
どういうパーツが
活性化されるの？
おしえて
ここから。
まずは…
① 自分の情熱が自分の人生をけん引してくれるという原動力になる。
すると
その情熱がシンクロニシティをおこす秩序やメカニズムになります
② その情熱に従って何をいつしたらいいかシンクロがおきてくる。
ふと浮かんだ
○日に○○へ行ってみよー
行く
思いがけないシンクロが！
これでいいのだ！
すると
非常に抵抗が最も少ない流れが生まれてきます
③ 自分の人生が最も楽に最もなだらかな流れになっていく。
遅刻… でもねむい。
すやすや
パチッ
いこう。
結果
遅れて正解
④ 自分の情熱のいろいろな違った表現1つ1つと全て繋がることになる。
リンクしてる
やってきた事
すご――い
ぜんぜんちがうのに
自分の情熱とは
⑤ あい交えないものを
鏡のようにうつしだしてくれる。
ポイ
鏡となってうつしだされたもの
これいや!! もういらない！
それを手放していって
逆に自分の情熱にエネルギーを足すことができるようになる。
完璧なキットに！
わー
あれもコレも全部やる―！
⑥ 自分にとって
非常に大切なもの
重要なもの
これを何ひとつとして
落とさないで体験したり
経験できたりする。

あるいは、本人がワクワクを正しく理解できておらず、不安とワクワクを混同している可能性もあります。

自分自身に正直になって、本当のワクワクとはなんであるかを見つけ、それを最大限、可能な限り行動に移していく必要があります。そして結果に関しての期待をゼロにする、期待しないことです。

あなたにとって本当に必要な結果がもたらされることを信頼する必要があります。

ワクワクを後押しする自分だけのシンボルを補助輪に！

USP　自らのワクワクを鼓舞させるために使えるツールはありますか？

バシャール　ワクワクのために、シンボルや絵、ビジュアルなどを使うことはかまいません。そうしたものを利用してワクワクした状態（ステート）に自分をもっていくことができます。しかし、ワクワクした状態（ステート）に入ったら、そうしたシンボルやビジュアルは捨てる必要があります。

それと、自分がイメージしたものが自分にとってベストであると決めてしまうと、ハイヤーマインドが用意してくれるものに制限をかけてしまいます。

実は、ハイヤーマインドがもたらしてくれるものの方がよいかもしれないのです。

わかりますか?

USP 面白い! バシャールは、ワクワクの域に入ったら、シンボルなどを捨てる必要があるとおっしゃいましたが、そのシンボリックなものを使ってワクワクという同調が起こり、自分がそれを見ていて気分がよければ、ワクワクを後押ししてもらうために、当分は手放さなくてもよいですか?

バシャール ええ、そのような形で使うことはできます。ただし、あくまで象徴としてです。あなたが見たイメージが、あなたが想像する形で具現化するはずだと期待してはいけません。

USP シンボルとは、エネルギーを湧《わ》かせるためのもの、ということですよね?

バシャール　そうですね、ただし、フィジカルマインド（肉体のマインド）で考えたイメージは、実際に起き得ることよりも制限がかかっている可能性があることを理解してください。そこがわかれば、ビジュアルに固執する必要がありません。

フィジカルマインドはハイヤーマインドより劣る

バシャール

覚えておいてください。**フィジカルマインドの想像力は、ハイヤーマインドに比べて劣っています。**いい換えれば、ハイヤーマインドはフィジカルマインドより想像力が大きいのです。

つまり、ハイヤーマインドとフィジカルマインドをバランスよく使う方法は、適切な状態（ステート）に入るためにシンボルを使い、その後は、フィジカルマインドが考えた結論に固執するのではなく、ハイヤーマインドがあなたになにかを届けてくれるのを許すのです。

覚えておいてください。フィジカルマインドが欲しいものを具現化するのではなく、自分に必要なものを具現化するのです。

フィジカルマインドは、エゴのレベルから「これが欲しい」という願望を抱くことがありますが、ハイヤーマインドはあなたのスピリットに本当に必要なものはなんなのかを知っています。

USP

その場合、自分ではこんなの全然必要ないと思ったものでも、シンクロニシティの流れに乗ってなにかが自分のもとに来たら、そのときはそれに乗っていけばよいのですか？

バシャール

シンクロニシティがもたらしてくれるものは、必ずしも自分が気に入るものとは限りません。しかし、もたらされたことには意味があります。もたらされたことをポジティブに活用すれば、恩恵を被ります。最初はその意味がわからないかもしれません。

もう一度お伝えしますが、シンクロニシティは必ずしも皆さんが気に入ることばかりをもたらしてくれるのではありません。しかし、気に入らないことが、実はあなたにとって役立つこともあります。気に入らないことがもたらされたことによって、自分が気に入ることと気に入らないことの違いについてはっきりと理解するチャンスを与えられているともいえます。そして、そのときのあなたにとって、それを知ることが必要だったのかもしれません。

ですから、**私たちが結果についてまったく期待しないでほしい、期待ゼロというのは本当にゼロという意味です。具現化したものをジャッジしてはなりません。**自分が可能な範囲で、最大限にポジティブに活用していくと、あなたのシンクロニシティは拡大します。

わかりますか？

USP

はい。じゃあ、私たちの肉体意識の仕事って、ただただハイヤーマインドに同調することで、現実世界のシンボルを使い、ワクワクのエネルギーを活性化させて、それに対する行動を起こすことだけということですか？

人生最大の目的は「自分自身に在る」ということ

バシャール　**皆さんの人生の目的というのは、可能な限り自分で在ることです。**そして伝えているこの方法は、それをもっとも簡単に達成できる方法です。

私たちが伝えている方法は、実は、現実がどのようなメカニズムで動いているのかということの説明に他なりません。非常にシンプルな話です。

USP　あと、日本人の気質として、小さい頃から自分自身の気持ちにフォーカスすることを学ばず、周りの人たちに気を使いなさいとか、周りを大事にしなさいといわれ続け、そういう育てられ方が身についてしまっているので、大人になってから、自分の思いに沿った選択をしないといけないとアドバイスをもらったときに、混乱してしまい、どうしていいかわからない日本人がとても多いと思うのです。そういう人たちに対し、私たちも説明をしていますが、人間同士で説明してもわかってもらえないところがあるので、バシャールからそこのヒントみたいなものを日本人にお願いします。

バシャール

問題はバランスです。両方が大切です。

あなたが可能な限り最大限自分自身で在ることで、他の人を助けるのに一番よい状態になっています。自分自身でなければ、どうやって他の人を助けることができるのでしょう。

そして、すべての人はつながっているので、人を助けると、自分を助けることにもなります。

ですから、私か、他者か、という問題ではなく、両方を、バランスをとりながらひとつのエネルギーにまとめていくことが大切です。

わかりましたか？　これで充分な説明になっていますか？　もう少し必要ですか？

USP

はい、よくわかりました。次の質問です。人に気を使うという部分がうまくできずに罪悪感を感じたり、自分が存在すること自体を申し訳ないという意識を持っている人が多く、世界と分離した感覚に陥り、苦しんでいる日本人が多いのですが、それを取り払うメッセージがあれば教えてください。

あなたがあなた自身でない限り、人を助けることは出来ない！

バシャール　それは世界から分離されているという経験を創っていれば、ですね。実際に世界から分離することは不可能ですから。

まずはこれから言うことをしっかり聞いてください。

（非常に強く、明朗な口調に変わり）

もしも、あなたがあなたでないのならば、あなたはどうやって人を助けることができるのでしょう？

もし、あなたがあなたで罪悪感があるのなら、あなたはあなたらしくないことになります。そうすると、他者を助けられるあなたは存在しないことになります。

ですから、自分を愛して、あなた自身で在る必要があります。そうすると、本当のあなたは他者を助けることが出来ます。そして、本当のあなたが他者を助ければ、あなたはすべての人とつながっているので、自分自身を助けることになります。

両方が同時に存在する必要があります。**自分に対する愛、そして他者に対する愛、他者への愛、そして自分への愛、これはひとつのコインの裏表です。**

これはひとつのイベントです。２つのイベントではありません。

この方がわかりやすいですか？

USP

はい、非常によくわかります！

それと、日本人の読者は「自分を愛するにはどうしたらいいの？」とよく聞くのですが、バシャールから、ただ選べばいいのか、ただ決めればいいのか、シンプルな答えがあるなら読者に向けてはっきり伝えてあげてほしいです。

バシャール　単純に選べばいい、決めればいいということもありますが、なぜそうした方がいいのかという理由を理論的にお伝えできますが、そうした方がいいですか？

ＵＳＰ　はい、お願いします。

「私は愛される価値がない」は謙虚でなく、傲慢

バシャール では、LICAさん（この質問者がUSPのメンバーのLICAであるため）とエクササイズをします。では、質問に答えてください。クリエイション（創造）は過ちを犯すと思いますか？

USP LICA：いいえ。

バシャール クリエイションが間違いを犯さないのであれば、あなたが存在している理由があるはずです。

クリエイションがあなたのことを必要だと思い、あなたを充分愛しているので、あなたが存在しているわけですから、「私には存在する価値がありません」というのは、クリエイションに対して喧嘩を吹っかけているようなものです。この議論には絶対に勝てません。これは保証します。

違ういい方をします。クリエイションがあなたはクリエイションからの愛とサポートを受けるのにふさわしいと信じているのに、それに意義を挟むあなたは一体どんな存在なのでしょうか？

クリエイションより自分の方が賢いと思っていますか？　YESかNOで。

USP　LICA：NO！

バシャール　クリエイションがあなたのことを無条件に愛してくれているのに、「私は愛される価値がありません」といっているのは、謙虚なのではなくて、実は、傲慢です。

自分への愛を拒否している人は、謙虚なのではなく、傲慢なのです。自分の方がクリエイションよりもわかっていると思っているのですから。

ただ、クリエイションはあなたのことを無条件に愛しているので、あなたが「私には愛される価値がありません」と思うことを、許しています。

つまり、自分のことを愛せていないといえるのは、逆にいうと、クリエイションがいかにあなたを愛しているかの証明でもあります。

「私には愛される価値がありません」という考えをあなたが選ぶことも許してくれるほどクリエイションがあなたのことを無条件に愛してくれているのですから、クリエイションがあなたを愛しているのと同じぐらい、自分を愛してみてはいかがでしょう。選択の問題です。

この言い方だと日本の皆さんはおわかりになるかもしれません。

USP

LICA：ええ、もうすごくハートが熱くなって、この無限の愛のエネルギーが読者にとても伝わると思います。素晴らしい答えをありがとうございます。

バシャール **必要なのは、自分自身で在ることだけです。**そうすれば、この情報は受け取る必要のある人に届きます。そして、受け取る必要がない、あるいは、受け取りたくないと思っている人は受け取らないですが、この本の読者はそういう人たちではないですよね？

USP L-CA：はい、そうですね。

バシャール **自分の選択肢を他の人が許してくれることを望むのと同様に、あなたも彼らの選択を許す必要があります。そうでなければ、愛溢れる存在とはいえません。**

他になにかありますか？

ハワイが日本とアメリカの真ん中にあるのは偶然じゃない

USP この地球の中で、日本人やアメリカ人など、いろいろな国や人種がありますが、それぞれに役割があるのだとしたら、宇宙的に見て、日本人がどのような役割や使命を持っているのか教えてください。

バシャール もちろんあります。日本人としての役割を果たしています。これだとあまりにシンプルですか？

USP はい。もう少し詳しく。

バシャール　すべての役割というのは固有のものです。個人であれ、社会であれ、さまざまな見方がありますが、これらすべては「All That Is」が自らをいろいろな見方を通して経験するために重要なことなのです。

それぞれの社会に固有の特質があるのは、この固有の見方、考えを通して、クリエイションが自らを経験し理解するために必要なのです。

今現在、グローバル・アウェアネスといった、地球規模の意識が芽生えてきています。皆さんは固有な見方を別のものに変えつつあります。他の社会の見方をブレンドした、よりバランスのあるものに。自分たちの固有性を失うわけではありませんが、新しい固有の見方を創りつつあります。

単純な例をあげましょう。日本の社会においては、「個」よりも「集団」に意識が向いているという話をされましたね。逆に、アメリカの社会では、「集団」よりも「個」にフォーカスが置かれていることにも気づかれています。

アメリカ人と日本人が交流すると、アメリカ人は「個」として「集団」とどうバランスとるかを学べますし、日本人は、「集団」としてどう「個」とバランスをとるかを学べます。

皆さんの星で**ハワイと呼ばれている地域が日本とアメリカの真ん中にあるのは偶然ではありません。ハワイは、地球のハートエネルギーが集まっているところで、バランスが生じることのできるエネルギーの場所です。**

USP　ハワイがちょうどそういう真ん中の場所だとは面白いですね。

バシャール　そうです、偶然ではありません。

II

借り物、偽物のビリーフを今すぐ手放そう！

変えるべきは自分の中にある間違ったビリーフ

USP 日本人が持っている特有の集合意識みたいなものはありますか？　たとえばさっきいった罪悪感とか。

バシャール 日本人が集合的にどこにフォーカスを向けているのかという意味で聞いていますか？

USP たとえば、罪悪感を抱えている日本人の多くは、自分自身の考えよりも、集団の空気の中でそう思わされています。だから、あなたはそういう感情を持たなくていいんだよってことを伝えられたらと思い、この質問をしたのですが。罪悪感を持ちながらも、そういう感情にNGを出している人が多い気がします。

バシャール

そうですね、すでに、なぜそうなるのかという説明をしましたね。覚えておいてください。彼らが罪悪感を感じることとなった唯一の理由は、人からあなたはこういう人であると言われたことを信じたからです。**すべてはビリーフ（信念、観念）から始まります。ですから、ビリーフを変える必要があります。**

覚えておいてください。真空状態では、感情や感覚を感じることができません。感情、感覚はそれ単体で存在できません。**なにかを真実であると信じることによってはじめて、感覚、感情が存在し得ます。**そう信じていなければ、皆さんはなにも感じることができません。感情や感覚は単体で存在し得ず、まず最初に、ビリーフを持っている必要があります。

罪悪感がある人は、罪悪感を感じるためになにかを真実として信じていますが、それがなんなのかを、逆にたどることができます。

いい換えると、**感覚や感情は本当の自分とは合わないビリーフを知るヒントとなり、そうしたビリーフを手放すことができるようになります。**

この説明で役に立っていますか？

USP

わかりました。ありがとうございます。

「このビリーフ、なんだか変だぞ！」と思った瞬間、それは消える

USP

本当の自分と違うビリーフを持っているからこそ、苦しいのだと思います。本当の自分と違うビリーフを信じてしまっている日本人が結構多いと思うのです。家庭環境や教育などを通して、今それらを外していく時期だと私たちは思っているので、バシャールからよい提案が欲しいのです。

バシャール

まずは皆さんが信じているのはビリーフであって、事実とは違うということ、そして、ビリーフは変えることができるということです。

ここまではいいですか？

USP　はい。

バシャール　本当の自分とは相容れないビリーフを持っていることを発見したり、ビリーフを意識化できたら、自動的にそのビリーフを理屈に合わない奇妙なものだと感じるでしょう。

そして、**そのビリーフはまったく理屈に合っていないと思ったその瞬間、すでにそのビリーフはなくなっています。**

それでもまだ自分の行動が変わらないという場合は、その根底にある本当のビリーフにまだたどり着いていないということになります。

その場合は、より深く掘りさげる必要があります。根底にある根本的なネガティブなビリーフを発見できたら、感覚や感情が変わり、行動が変わります。あるビリーフを発見したり、意識的に気がついて、そのビリーフが理屈に合っていないと感じるのは、ビリーフを手放すプロセスの最終部分です。はじまりではありません。

なぜかというと、あなたはあなたにとって納得のいくビリーフしか持ち続けることができないからです。理屈に合わないものは、持ち続けません。もっとも、理屈に合わないビリーフを持ち続けるべきだという、より強力なビリーフを持っていれば話は別です。そういう場合は、なぜ自分にとって納得いかないビリーフを持ち続けるべきだと信じているのかを探る必要があります。

覚えておいてください。**ビリーフは、ビリーフが存続するようにデザインされています。それはあなたがビリーフに則《のっと》った体験をするためにそうなっています。**しかしネガティブなビリーフは、あなたにこのビリーフを手放すべきではないとあなたを騙すことで存続しようとしています。

ネガティブなビリーフが巧妙に仕掛けるトリックに騙されるな！

バシャール

彼らは、トリックを使い、怖れを使い、あなたがそのビリーフを手放すのを難しくさせています。ネガティブなビリーフは、このビリーフを手放して本当の自分になったらとんでもないことが起きるよ、と話しかけてきます。そして、嘘をついてまで、ネガティブなビリーフを持ち続けるように仕向けることで、ネガティブなビリーフは存続します。あなたは、これは真実ではなく、単なるトリックだと気づく必要があります。

ですから、あなたが本当の自分になることに関してどんなに怖れを抱いていたとしても、その**恐怖心はネガティブなビリーフがあなたが変わらないよう**

に、あなたに仕向けているトリックだということを理解する必要があります。

マジックのトリックのようなものだと思ってください。マジックショーのように、まるで本当のことのように見えますが、それはトリックであって、真実でないと覚えておく必要があります。

わかりますか？

USP

はい。今の話だと、ネガティブなビリーフそのものに意識があって、その意識が仕掛けているというようにとらえたのですが…。

バシャール

すべては意識からできています。すべては生きています。それは、そういう設計なのです。なにか悪意があるのではなく、単純にそうなっているだけです。たとえば、夜は悪意をもって、あなたを暗いところに閉じ込めようとしているのでしょうか？　違いますよね。夜は単に暗いというだけです。夜の本質が暗いというだけです。夜は夜らしくあるだけです。

あなたが本当の自分になって、どのビリーフを選ぶかは、あなた次第です。ビリーフになにか意図があるわけではありません。ビリーフの性質がそういうものであるというだけです。

USP　ただ、そういう状態で存在していると？

バシャール　そうです、ビリーフの果たすべき役割を果たしているだけです。

USP　ネガティブなビリーフの性質がトリックを見せるという、性質なだけですね？

バシャール　そうです。また、そうあらねばならないのです。**皆さんは、実際は完璧で美しく無敵の存在です。そんな皆さんが、ほかのことを信じるためにはビリーフは皆さんを騙す必要があるのです。**「自分には価値がない」というウソを信じてもらうためには、トリックを仕掛ける必要があるのです。

あれ….
なんかちがう。。
おれを手放すと、こわいことがおこるよー？いーの？
ネガティブビリーフ
おりちゃえ。
なーんだ
くすっ
ひょいっ
ネガティブビリーフ
これを信じていたのかー！
そうかー！
ネガティブビリーフ
正体を確認する
あなただったのね
ひょいっ

ネガティブ、ポジティブを善悪の二元的側面でジャッジしない

バシャール

それと、覚えておいてください。私たちがポジティブ、ネガティブというとき、それはよい悪いというジャッジメント（判断）ではありません。ポジティブは、統合する、つなげる、拡大という性質を持ち、ネガティブなエネルギーは分離、分断という性質を持っている。そういう機械的な性質について話しています。

存在の本質には、ポジティブなエネルギーとネガティブなエネルギーがあり、その間のニュートラルな空間があります。クリエイションは、二元ではなく、三元です。

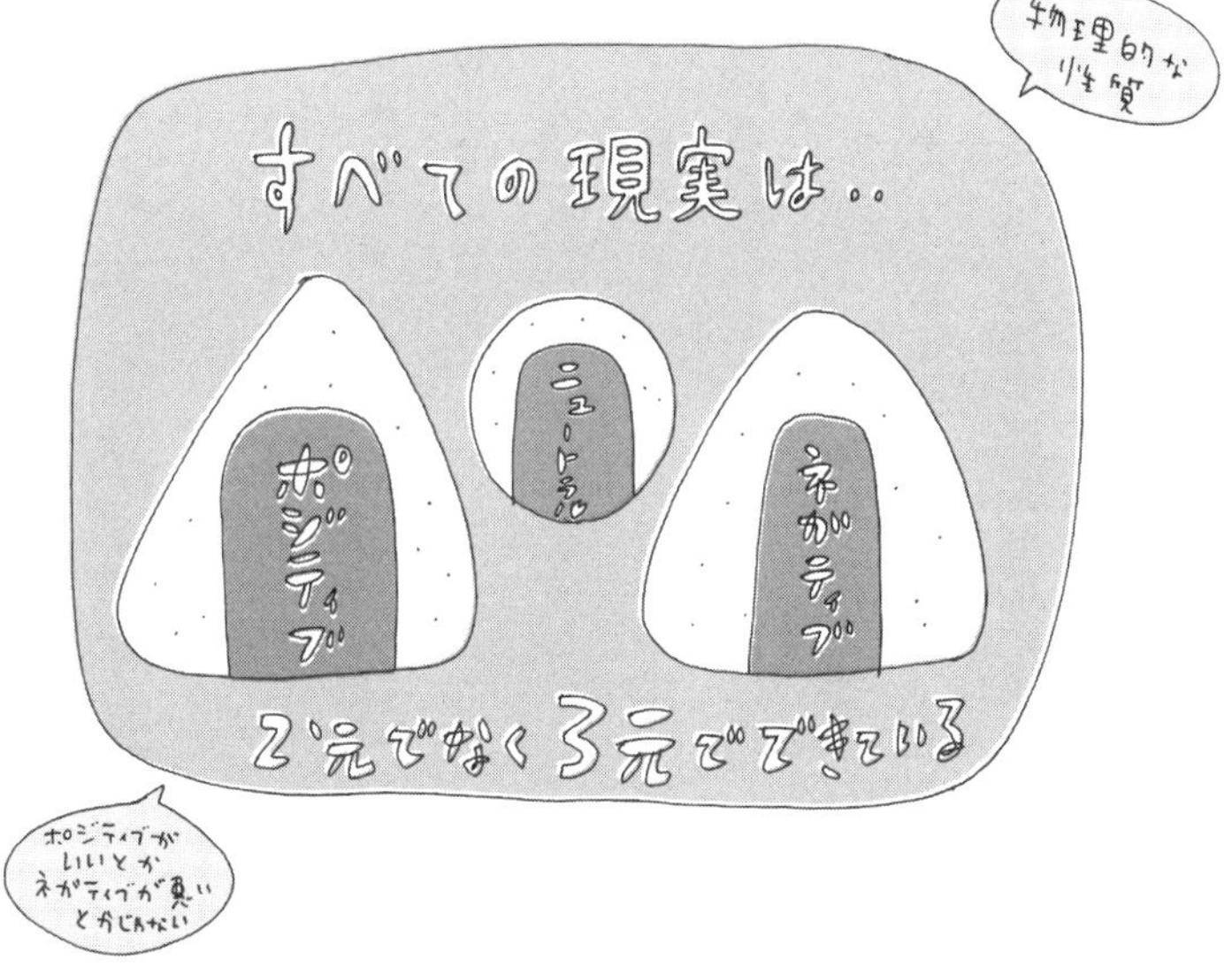
物理的な性質
すべての現実は..
ポジティブ
ニュートラル
ネガティブ
2元でなく3元でできている
ポジティブがいいとかネガティブが悪いとかじゃない

クリエイションのエネルギーは51：49

バシャール

しかし、**クリエイションのバランスは、真ん中（50：50）よりはちょっとポジティブに寄っています。**なぜかというと、ニュートラルな状態（ステート）はバランスがとれたステートであり、ポジティブあるいはネガティブな選択が可能なステートです。**したがって、クリエイションは、51％がポジティブ、49％がネガティブであるといえます。**

なぜなら、ニュートラルなステートは、どんな選択であれ、選択を可能にするからです。つまり、皆さんがリラックスして、クリエイションのエネルギーの流れに乗っていれば、必ずポジティブなステートに連れて行かれることになります。

ポジティブな方向へ向かうエネルギーの流れを、皆さんは学びたい、発展していきたいという意欲として経験します。

本当の自分になりたいという強い衝動、強い欲求として感じます。

わかりますか？

USP

51：49で創造のパワーが使えるといったのですが、ネガティブな性質を持ち合わせての創造ということは、なにかを始めるにあたってワクワクはするけれど、進んでいくうちに怖れや不安に感じたりするのは当たり前の感情なのでしょうか？

バシャール

そうです、私たちが説明したように、それはプロセスの一部だと理解してください。覚えていますか。ワクワクのツールのひとつに自分の情熱に合わないものを見せてくれる鏡がありましたね。そしてそれを通して、それらに対応していくということとは、**自分のワクワクに則って行動するプロセスの中には、情熱に合わないものを発見し、それを手放し、情熱へ向けるエネルギーを増やすこ**

とが含まれます。

ですから、ワクワクを追求するプロセスの中でネガティブな感情を感じたら、そこで立ち止まって聞いてみるのです。「自分についてどんなことが真実であると信じたら、こういう感情を感じるのだろうか」と。

そうすると、ネガティブなビリーフを発見して、手放すことができます。そして情熱に向けるエネルギーを増やし、また進むことができます。ですから、**自分のワクワクに所属しないものを発見することも、ワクワクの中に含まれるのです。**

覚えておいてください。**どんな体験にも、ポジティブな意味合いを見つければ、必ず恩恵を受けることになります。**

これで、もっとわかりやすくなりましたか？

USP　はい、めちゃくちゃわかりやすいです！　ありがとうございます。

クリエーションの状態は ポジティブ51% ネガティブ49%。
何かをつくるというエネルギーは、ポジティブによっている。
なので すべての現実は、リラックスして流れにのっかっていれば

必らずポジティブな状態につれていかれる!

「高いワクワク」は「無条件のワクワク」

USP　ネガティブなビリーフに気づいたら、それを手放すとおっしゃいましたが、日本人は手放すとなると、それはそれでまたすごく制限がかかってしまうと思うのです。「手放さなきゃいけない！」という思考にとらわれてしまうといいますか…。ですから、逆に、それらも受け入れるという感じでも大丈夫ですか？

バシャール　受け入れるという形でも、よいですよ。自分にプレッシャーをかけることは、手放していることとは違います。

USP　そうですよね。ワクワクしなければいけない、というとちょっと不自然というか、心から純粋に情熱に向かっていない感じがしますよね。

バシャール　皆さん全員にお伝えします。皆さんがなにかをしなければならないということは、まったくありません。

覚えておいてほしいのは、私たちが情報を伝えているのは、皆さんにそうしてほしいからではありません。そうすることに情熱を感じているからです。

皆さんがそれを聞いてなにを選択するかは、皆さん次第です。皆さんの選択なので、私たちはどちらでも構わないと思っています。

皆さんのうち誰一人として私たちのいうことを行動に移さなかったとしても、私はこの情報を伝えるでしょう。それが私たちの在り方だからです。

私たちのワクワクの一部は、皆さんが私たちから聞いた情報に則って行動するかどうかです。皆さんの自由意志は、私たちのワクワクの一部です。

私たちが皆さん自身の選択を許しているので、多くの人が私たちの話に関心

を持ってくれています。
私たちが情熱に従って生きているので、それが皆さんには非常に魅力的に見え、どうやったら情熱に従って生きられるのか知りたいのです。

単純に自分がワクワクするからという理由で行動すれば、しなければいけないという義務感ではなくて、ただワクワクするからという理由で単純に行動すると、それが同じように生きたいと望む他の人のお手本になります。わかりますか？

USP　それが自分の心に従った「高いワクワク」なんですね？

バシャール　そうです。そしてそれは、「無条件のワクワク」になります。私たちは、こういうことが起きてほしいというようには思っていません。

壊れた車をず〜っと運転できますか？

USP

怖れを感じている部分というのは、ネガティブなビリーフが顔を出したり、トリックのせいだとおっしゃっていましたが、その状況をなぜだろうと細部まで分析するときに日本人は思考を使ってしまうんですね。思考で納得をさせてから自分のネガティブなビリーフを変えようとしがちだと思うのです。でも、今お話しをうかがっていると、怖れや不安などのネガティブなビリーフがひょっこり顔をのぞかせても、その正体がよくわからなくても「私はこうなりたいの！　こうしたいの！」と思ったら、もうそれを信じるということを選んで、決めてしまうと、新しいビリーフがはじまるということでしょうか？

バシャール

いいえ、違います。頭で一生懸命分析する必要はありませんが、ビリーフの正体、内容がわからないといけません。そうでないと自分がなにを手放したのかがわかりません。そして、手放したものの正体がわからないと、同じような行動を繰り返すでしょう。

いい換えると、**車が故障しそうだとわかっているのに、「まぁいいや、運転し続けても大丈夫だろう」といっているのと同じです。**

USP

なるほど！　そこ、かなり的を得ています！　今の日本人にとってすごく大事なところで、行動が伴わなければ違うビリーフがもっと奥底にあるんだとバシャールがさっきおっしゃっていたけれど、自分では、「あ、そうか、これだ」と思って手放したつもりでも、また同じことをやってしまうということがすごく多いんですね。根深いビリーフを自分でわかるためにはなにかよい方法がありますか？

バシャール

ずっと探し続けてください。諦めないことです。ずっと掘り続けることです。ずっと問い続けることです。「この同じことを繰り返し、繰り返し、体験していることを可能にするために、私はなにを信じているのだろうか」と。

覚えておいてください。**ネガティブなビリーフのトリックのひとつに、他のネガティブなビリーフの裏側や下側に隠れていることがあります。**ですから、見つけたと思っても見つかっていないのです。探し続けてください。探し続ければ必ず見つかります。

パーミッションスリップ（許可証）を最大限利用する

USP　ちょっと思ったことは、最近、エネルギーがとても変化してきているので、あからさまに鏡としてネガティブなビリーフが現れたりする現象が起きていると思います。鏡があからさまに現れたときがそれを探し出すチャンスだと思うのですが、どうですか？

バシャール　はい、そうです！（日本語で）

USP　お～！（一同爆笑）

USP　LICA：その現象が私の生徒や読者にも頻繁に起こっていて、それをなんとか一緒に探してあげたいと思っています。一緒にプラクティスするよい方法やワークなどがありますか？

バシャール　LICAさんのイマジネーションを働かせればいいのではないでしょうか。すべてはパーミッションスリップ（許可証）です。パーミッションスリップがなんだかご存じですか？

USP　LICA：わかりません。

バシャール　**パーミッションスリップとは、本当の自分らしくあるために、自分にとって必要だと思えるあらゆるツール、あらゆる技術、あらゆる儀式、あらゆる物です。**つまり、読者の方がどんなビリーフを持っていたら、自分がより楽に変われると思えるのかを見つける必要があります。わかりますか？

USP LICA：はい。それは私のイマジネーションでクリエイションすればいいってことですよね？

バシャール それでもよいですし、相手と一緒に創っていくのでもよいです。

USP わかりました。それと、今、この本を読んでいる読者が本を読みながら、自分自身でできることはありますか？

バシャール では、LICAさんを例にあげます。LICAさんの人生の中で、ツール、儀式、テクニック、なんでもいいのですが、それをやったことで、その当時、想像していたより自分が拡大したと感じられた経験はありますか？　なんでもよいのですよ！　私たちの情報でも、他のものでもよいです。

USP いっぱいありすぎて…。

バシャール　今は単なる例なので、ひとつ選んでください。

USP　好きなことと嫌いなこと、嫌な思いをすることとよい気分になることをわけて、書きあげていきました。

バシャール　では、好きなことはどこが好きだったのですか？

USP　楽しいから。

バシャール　楽しいものに惹かれたわけですね。楽しさが、あなたにとって効果のあるパーミッションスリップがなにかを教えてくれる引き寄せ（訳注：attraction 惹かれるの名詞化）です。

したがって、**なにに惹かれるのか、どんなものとつながりを感じるのかを聞くことで、どんなツール、テクニック、儀式がその人、そして、その人のビ**

リーフにとって、拡大することを可能にするのかを知る手がかりとなります。

たとえば、ある人に、「人生でどういうことに興味を持っていますか？　どんなことが好きで、興味がありますか？　なにかひとつあげてください」と聞いたとします。そうしたら、「猫が好きです」という返事だったとしましょう。

これでワークする題材が出てきたわけです。「猫のどこが好きですか？」と聞くことができます。猫のこういうところが好き、という話になったとします。そうしたら、好きな猫の性質を、本人自身が拡大する、あるいはなにかとつながることに使えないか、会話の中で探っていくことができますね。

つまり、相手の好きなこと、関心のあることを活用して、そこから想像力を使って相手が拡大できるような儀式やツールやテクニックのようなものを創ることができます。しかも、相手は自分の好きな性質とつながるので効果があります。

たとえば、猫のどこが好きかと聞いたとき、「猫は自信があるような気がして、そこが好きなんです」という返事だったとしましょう。
その人は、人生でもっと自信がほしいのだろうなというヒントになります。その情報を利用して、そこから積み上げていくわけです。ただし、相手とのやりとりの中で出てきた自分のイマジネーションを信頼する必要があります。

USP

ただし、パーミッションスリップ自体に効果があるわけではありません。選択をしたり、変容したりしているのは本人の力です。ただ、本人たちが、変わるためには、パーミッションスリップが必要だと信じているだけです。相手はすぐに変わらないかもしれません。練習する必要があるかもしれません。でもそれはそれでよいのです。

LICA：ということは、読者がそういうワークをするとしたら、自分のエネルギーが拡大していくようなこと、ワクワクするようなことを自分の中で想像していって、気持ちよくなるようなことをまずやっていけば、コインの裏側のようなどうしても手放し切れない、信じてしまっている部分（ネガティブなビリーフ）が浮き彫りになっていくと考えてよいのですか？

バシャール そうですね。好きなものについて考えてもらうことで、相手は自分自身についてより多くのことを発見できる状態（ステート）に入っていけます。

USP HAPPY：なるほど～！　私もLICAさんと同様に、相手のネガティブなビリーフを見つけてサポートしていくことが喜びなのですが、時々相手のネガティブなビリーフを聞く前にわかってしまうことがあります。それは相手のハイヤーセルフ（ハイヤーマインド）とつながっている状態だからですか？

バシャール そうですね、相手のハイヤーマインドの波動と同調しているのです。同調しているので、相手のハイヤーマインドの見方、考え方を同時に自分も持ったのです。相手の波動と同調したので、相手と同じ考えを同時に受け取っているということです。

USP　HAPPY：練習したらもっとその精度が上がるんでしょうか？　今はまだたまにしかわからないのですが。私がもっと練習したら、どなたにでもやっていけるようになるのでしょうか？

バシャール　そうですね、練習すればもっとそれが頻繁に起きてくるようになります。

USP　わ、嬉しい！

バシャール　練習すればするほどもっと上手になっていきます。

USP　マジですか？

バシャール　私たちは今、希望的観測の話をしているのではなくて、物理の話をしているのですよ。練習すればなんであれ上手になります。非常にシンプルなことです。

ワクワクを追求しているときは失敗するプロセスもお宝

USP　今ワクワクが見つからないとか、ワクワクに従って行動したのにうまくいかないといっている人たちは、結局物事が1回で起こると思っているんですよね。

でも、私はすべてに、トライ&エラーが必要だと思っています。ワクワクが見つからない人も、トリックを見つけるときも、トライ&エラーが必要なんじゃないかと思いますが、どうなのでしょうか?

バシャール　地球の皆さんは長年、なにかをするには時間がかかると教わってきたので、

それが真実だと思っています。そこを手放せたら比較的早く変われるのですが、皆さんは、なにかを学ぶには長くかかるという考え方に慣れているので、時間がかかると信じているのです。それはそれでよいのです。皆さんの人生は、すべてがプロセスですから。

そして、そのプロセスを楽しいと思ったら、そのプロセスにどれだけ時間がかかるかなんて問題ではなくなります。

楽しいときに短気になる人、イライラする人っているでしょうか？　短気になってすぐに諦めてしまう人は、大学の入学初日に大学で教わる内容をすべてを一日で学びたいといっているのと同じです。少ないながらもそれができる人はいるかもしれませんが、**ほとんどの人は学びというプロセスを通して、深く理解したいと思っているはずです。**

覚えておいてください。**なにかのやり方を知っているからといって、そのこ**

とを理解できているとは限りません。

たとえば、電気技術に興味がない人にとっては、電気のスイッチを入れれば電気がつくと知っているだけで充分ですが、電気系の技術が大好きだったら、もっと深い知識が必要です。

たとえば、家の電気が壊れて、電気屋さんを呼んだのに、「私は電気のスイッチを入れる方法しか知りません」という人が来たら、いやですよね。「電気系の技術を学んだので、なぜ電気がつかないのかわかりますし、どうすればいいのかわかります」という人に来てもらいたいはずです。

皆さんの惑星で、トーマス・エジソンという電球を発見した人の話がありますね。彼は電球をつくる素材の組み合わせが見つかるまで、2000回の試行錯誤があったそうです。ある人が、「2000回も失敗して、どんな気持ちですか？」と聞いたところ、エジソンは「私は失敗したのではない」と答えました。

「私は2000通りの、電球がつくれないという組み合わせを発見しました。

このおかげで他の人が同じ過ちをしなくて済みます」と答えました。

もう1回いいますが、**自分が体験していることとポジティブな関係を持っていれば、すぐによい結果が出なくても、なんらかの学びの価値があるのです。**

情熱に従い行動していると、次の情熱が見えてくる

USP　ワクワクに従って行動すれば最終的にすべてがつながっていくということはわかるのですが、練習、練習、練習を重ねても、読者の人はやってきたことに飽きて、次のことをやる、そして、また飽きて、次のことをやるという人が多いんですね。それで、続かないと悩んでいる。ワクワクに従っていき、気になることをちょっとだけでもやっていったら、最終的につながっていくのかということを聞きたいです。

バシャール　一般的にはそういえます。しかし、ポイントとしては、**なにか新しいことを**

試すときには、本当にワクワクに従って行うようにする必要があるということです。

大切なのは、そのときに自分が一番ワクワクすることを行動していくことです。なにかをやって飽きたから変えるというのは、ワクワクに従った行動ではありません。

本来は、ワクワクが次にやるべきことを指し示すはずです。ワクワクの内容が変わったことに気づいたので、それに従って行動したというのが本当の姿です。

今世のあなたのテーマに必要な人同士が出会う仕組み

USP　人間関係についてうかがいます。生まれる前に魂のプログラムをして、キーポイントとなる人たちと出会って、一緒になにか共同創造しようと約束してこの世に来ていると思うのですが、キーパーソンとなる人と出会うときには、強烈な感情が湧く羅針盤というか、なにかセンサーのようなものが働いているのでしょうか？　どういったからくりですか？

バシャール　はい、そうです。**好き嫌いという感情や、どの人と付き合うかということは、自分が探求するテーマに則って作られています。**

そのテーマのために、特定の人と関わっていく必要のあるケースもありますが、自分が探求したいテーマとつなげてくれるならこの5人のうちの誰でもよい、というケースもあります。

USP 大ざっぱな場合もあるんですね？(笑)

バシャール その人が求めているテーマによっては具体的なケースと、全般的なケースの両方の場合があります。

自分が探究したいテーマを、デスティニー（運命、宿命）と呼んでもいいかもしれませんが、それをどう経験するかは、その人の自由意志にゆだねられています。

USP じゃあ、たとえば、強烈に惹かれる人だったり、激しく興味が湧く人だったら、その感情は、ナビゲーションシステムのような、もしくは、コンパスが備えつけられているようなイメージですか？

出会った相手に意味づけをし、期待をしないこと！

バシャール　そうですね、その強烈に惹かれる相手が自分の人生において重要な役割を果たしているらしい、というところでとどめておいてくれれば結構です。

ただし、その人とある関係にあるからといって、その人の存在理由を想定しないでください。その人があなたの人生で重要な役割を果たしているということ以外、なぜ、その人があなたの人生にいるのかはわからないはずです。

単純な例をあげます。

たとえば、誰かにものすごく惹かれているからといって、相手と結婚することになっているとは限りませんね。結婚相手になるためにあなたの人生に登場したのかもしれないし、そうでないかもしれません。

だから、相手の存在理由を理解したつもりにならないでください。

その人が自分の人生に登場した理由を確実に理解できるのは、自分の人生の最後の瞬間です。


私たちの社会では、相手が存在している理由を決して想定しません。その関係が存在しているのをただありのまま受け止めるだけです。そして、**私たちの人生の最後に、相手が存在していた理由を知るのです。**

相手の存在理由を決してわかることがないといっているのではありません。わかるときもあります。

しかし、こういうことだろうと想定してはいけないといっているのです。なぜなら、あなたが今知る必要のない次元でもいろいろなことが起きているからです。

そして、なぜお互いに惹かれあうのかということは、個々に見ていかないとわからないことです。一般化していうことはできません。

USP　私は宇宙の法則にものすごく興味や感情が湧くのですが、それも同じメカニズムですか？　死ぬ前に「あ！　この理由で私は宇宙の法則や神秘に強く惹かれていたのか！」という理由がはっきりわかるのでしょうか？

バシャール　ええ、同じことです。明らかにわかる場合もあれば、わからないときもあります。多くの場合、なにかに興味があるからといって、それが成就することになっているとは限りません。興味あることをやったことで、よい状態になり、その結果、受け入れられる状態になったので本当に興味あることがやってくる、ということもあります。あるものがもたらされてきた経緯などから、これが自分の人生の究極の目的だと想定してはなりません。もたらされたものは、別のものへの橋渡しかもしれないのですから。

人生でもたらされたワクワクが見た目通りのものであることもあれば、単に別のものへ導いてくれるものであることもあります。流れに乗ってさえすれば、最終目的なのか、橋渡し的なものなのか、シンクロニシティが教えてくれます。

覚えておいてください。このシンクロニシティは、ワクワク・キットの中のツールのひとつでしたね。

シンクロニシティは、ワクワクを追求している限りは、自分がいつ、どの順序で、どれだけ行えばよいのか教えてくれる人生の秩序的原則となります。

そして、その日にやる時間がなかった事柄は、その日に行う必要がなかった事柄ということです。

これで役に立っていますか？　今日一日の分としてはこれでもうよろしいでしょうか？

USP　ワクワクのエネルギーは、創造主と一番近い周波数にあると思うのですが、素直にそれに従った方がよい、ということですか？

バシャール　はい、そうです。

USP　ありがとうございます！

バシャール　この交信の共同創造に感謝いたします。この交信、明日皆さんのタイミングで続けます。無条件の愛を皆さんへ！
失礼いたします。

2016.08.28 2nd Day

III

物質次元での人生の醍醐味は「思い出すこと」

「セックス＝悪」の根深いビリーフを解く方法

バシャール はい、では、この交信を皆さんの好きなような形で続けていってください。皆さんは1日、時間を置きましたが、私にとってはさっき話し終えたばかりです。

USP パートナーシップ、人間関係についてです。セクシャリティーに関する話なのですが、セックスを通じて男女は深いつながりに、あるいは、エネルギーの統合に入るのだと思います。

しかし、一方で、性が悪いことだと、あまりよろしくないものだと認識している日本人もまだまだ多いのですが、アドバイスがあればお願いします。

バシャール

セックスというのは自然なものです。したがって、他のものと同様に、ネガティブに使うこともポジティブにも使うこともできます。

つまり、皆さんの星の人々はセックスについてポジティブなビリーフ、ネガティブなビリーフの両方を持っています。そして、セックス自体は単純にニュートラルなものですから、それをどうするかということが問われています。

ひとつの使い方としては、自分のエネルギーを加速する、あるいは、統合するといった使い方、その一方で、より分断を深めるような体験をつくるためにネガティブな使い方もできます。

ですから、どう使いたいのかに関わってきます。もちろん、相手との人間関係、そしてあなたがその関係をどう定義しているかによっても変わってきます。

したがって、**セックスが汚いものと思っている人たちは、自分の内側になに**

かネガティブな問題を抱えているということになります。つまり、その人のビリーフ体系によって変わってきます。ただ、先ほどいったように、セックス自体は自然なものです。

そして、**自然界にあるものすべて、存在している理由があります。**

これで、質問の答えになっていますか？

USP　なりました。ありがとうございます。昨日、ビリーフの話がありましたが、それと共通する内容だということですよね？

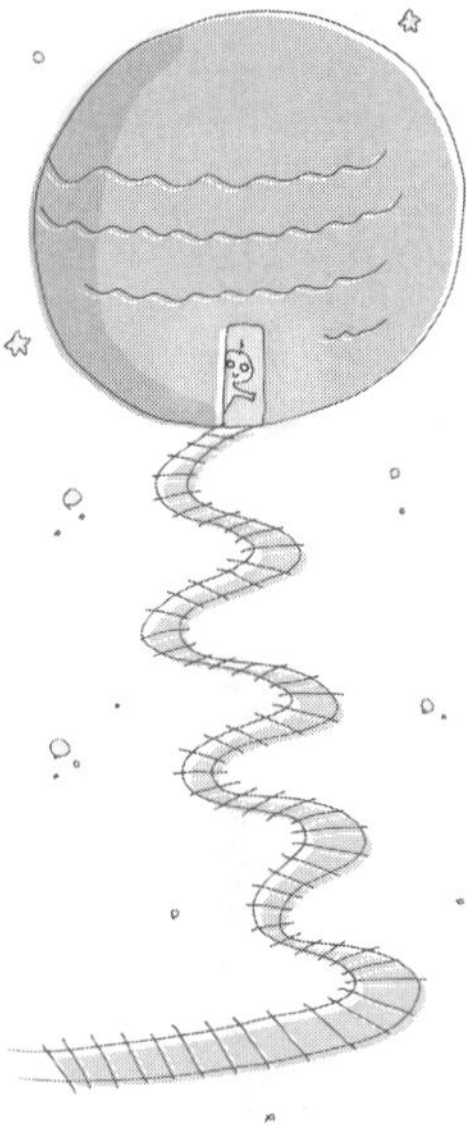

ビリーフは物質世界における体験のブループリント

バシャール　皆さんがこの物質世界で体験することすべての根底にあるものがビリーフです。すべての体験の根底に、ビリーフがあります。

皆さんは物質世界での経験というものを創るために、ビリーフを使っているのです。**ビリーフは皆さんの物質世界における体験の青写真、ブループリントといえます。**

感情や思考、行動によってビリーフが強化されていくということはあると思いますが、すべてはビリーフからスタートしています。

ちょうど家を造るのと同じです。まずはブループリント（青写真）、図面から始めますよね。図面がしっかりしていれば堅牢な家ができます。図面がいい加減だと、弱い家ができますね。

ですから、皆さんの現実世界における経験は、皆さんのブループリントがポジティブなエネルギーと調和しているか、あるいは、ネガティブなエネルギーと調和しているかによって変わります。

自分のビリーフを検証して、本当の自分の波動と調和しているビリーフを持つことで、自分のブループリントを最大限、正確なものにすることができます。

これでわかりますか?

引き寄せを学ぶより、不要なものを遠ざける方法の方が大事

USP

はい、よく、わかりました。

次の質問をさせてください。女性の持っている性器の部分が凹んでいて、男性の部分は凸になっていて、それがピタッとはまるようになっていますが、人間もピースのようになっていて、たとえば、三次元の世界ではいろいろなことができない人が、なんでもできる人とパートナーシップを組むためとか、助けてもらうためのプログラムが組まれているのではないかと思うことがあります。凹凸のように、自分たちの人生が誰かと一対のピースになっているんじゃないかと思うのですが、どうなのでしょうか？

バシャール　いってみればそうですが、質問を一般化しすぎています。

たとえば、いろいろなことができない人は、代わりに誰かにやってもらうのではなく、自分に教えてくれるような相手を引き寄せることができるとも考えられます。どういうことになっているのかは、いろいろなパターンがあるのです。

プログラムという単語は少々誤解を招きますが、今の質問に対する答えは、YESです。**皆さんは自分に必要なものを引き寄せるようにプログラムされている、**といってもよいでしょう。

プログラムといっても、個人の自由意志がないといっているわけではありません。**一人ひとり、固有の周波数を持っていて、その人に必要なものはすべて引き寄せるようになっています。**

もし、あなたに必要な物があなたの人生に現れてこなかったら、それはあなたが引き寄せていないのではなくて、自分で遠ざけているからです。

引き寄せの法則は、本当はそのように機能しています。あなたは、自分に必要なものを常に引き寄せています。しかし自由意志がありますから、自分に必要なものを体験しないというビリーフを持つことによって、自分に必要なものを遠ざけることができます。

つまり、**引き寄せの方法を学ぶ必要があるのではなくて、自分に必要なものを引き寄せていながら、それを遠ざけてしまっていることを学ぶ必要があるのです。**

皆さんの星で、多くの人々が理解している引き寄せの法則とは、ここが大きく違う点です。自分に必要なものを引き寄せる方法を学ぶ必要があると思っている人が多いのですが、**必要なものは自動的に引き寄せているので学ぶ必要はありません。**むしろ、必要なものを遠ざけていることをやめる方法を学ぶ必要があるのです。

引き寄せているのは「ポジティブな豊かさ」or「ネガティブな豊かさ」？

USP
確かに、見渡すと、本からセミナーまで引き寄せの法則ばかりが溢れている気がしますね。必要なものを来ないようにブロックしている自分の思考を変える方法はすぐにでも知りたいです！　その方法を教えてください！

バシャール
もうお伝えした通りです。ネガティブなビリーフを見つけ、それを手放していく。自分を邪魔しているネガティブなビリーフを取り除くのです。
たとえば、皆さんは常に愛と豊かさを引き寄せているのですが、人生においてそれを体験できていないなら、それは愛と豊かさを遠ざけているようなネガティブなビリーフを持っているということになります。

もっと具体的にいうと、ネガティブなビリーフによって、ネガティブな豊かさをつくっているわけです。豊かさを引き寄せられていないのではなく、特定の性質の豊かさを引き寄せているのです。ネガティブなビリーフを持っていると、豊かさをネガティブな形で体験することになります。その人は、ネガティブなものをたくさん経験しているわけです。

もう一度正確にいうと、**あなたは常に豊かさを引き寄せています。問題は、それが、どんな種類の豊かさか、ポジティブな豊かさなのか、ネガティブな豊かさなのかです。**ただし、豊かさを引き寄せる方法を学ぶ必要はありません。

皆さんは、常になにかを豊かに持っています。

これで明確になりましたか？

自分本来の波動で生きていれば必要な人間はすべて集まる

USP

男女のパートナーシップについてうかがいます。人間界では運命の人とか、ソウルメイトとかいわれていて、パートナーとちゃんと組んで人生を一緒に楽しんでいきましょうといった風潮もあるのですが、パートナーがいない人はなにかそれが欠けてしまっているという罪悪感や自信のなさにつながっている方も多く見受けられます。

とりわけ、男女共に年齢が上がれば上がるほど日本人にはそういう傾向が強いのですが、バシャールからなにかアドバイスはありますか？

バシャール

まず、そういう人たちは、当然、**自分自身について信じていることや、自分が経験でき得ると信じていることを経験しています。**そして、その人たちが持っているビリーフが、その人たちに必要なものとは関係のないビリーフである可能性もあります。

たとえば、誰かから「あなたはパートナーを見つけるべきで、見つけられないのは、どこかおかしい」と言われ、それがビリーフになってしまえば、その通りの経験をすることになるでしょう。

一方、「あなたは決してひとりではない。あなたは常に自分に必要なものを引き寄せている。それが社会通念上信じられていることと一致しなくても。あなたは常に自分に必要で、あなたにとって最良の関係性を引き寄せている」という、**よりポジティブで建設的なことをいわれれば、その人が人生で経験することはまったく変わってくるでしょう。**

ただし、誤解しないでください。ポジティブなビリーフを持っていれば、必ずソウルメイトが見つかり、恋愛関係になれるといっているのではありません。

そうではなくて、ポジティブなビリーフを持っていれば、相手との関係が恋愛関係であってもなくても、自分が引き寄せた人物が自分にとってもっとも必要な、最適な相手であることがわかるようになります。人生において自分をサポートしてくれる愛ある関係というのは、いろいろな形があります。皆さんの社会通念上、考えられている典型的な恋愛関係という形でなくとも、人生においてもっとも深い愛に満ちた関係は築けます。

ソウルメイトという言葉についてですが、どんな形であれ、**自分自身についてなんらかのことを教えてくれる人はあなたにとってその瞬間ソウルメイトとなります。**もちろん、ときにはお互い恋愛関係になるということをアレンジして、それがソウルメイトの2人だというように周りから見られる関係も存在します。しかし、人生において必要なことをすべて手に入れるのに、必ずしもそうした形をとる必要はありません。もし、あなたが素敵なパートナーシップとはこういうものだという固定観念があって、その通りになっていないとダメだと思っているなら、人生で経験し得る愛情溢れる人間関係を経験しそびれるでしょう。それは、こういう形でなければいけないと自分で決めているので、それ以外の形に対して盲目になっているからです。

皆さんが情熱に従って、自分の本当の波動に正直に行動していくと、人生がどんな形で展開しても、どんな形の人間関係だろうが、それがあなたにとって必要であり、欠けているものはなにもないことを信頼する必要があります。

先ほどもお伝えしましたが、結局、なにを真実であると信じているかのビリーフによって変わってきます。

自分にとってよい効果のあるビリーフだけを持つようにし、ネガティブな結果をもたらすビリーフに固執しないことです。

現在、皆さんの社会で多くの人が持ち続けているさまざまなビリーフは、古い時代遅れのビリーフです。意識の拡大において新しい理解が登場している今の時代に合った、より新しいバージョンのビリーフを創るときが来ています。

惑星エササニの結婚制度は地球の超未来の姿?!

USP　バシャールの世界の婚姻制度はどうなっているのですか?

バシャール　まず、儀式はありません。全員が全員と結婚しています。ひとつの大きなファミリーです。そして、シンクロニズムという形で生きています。それは、**シンクロニシティによって一緒に出会うべき存在が出会うということになっていることを完全に信じる。そういうことをシンクロニズムと呼んでいます。**

私たちはシンクロニズムを信頼しています。

ＵＳＰ 特定の人とずっと一緒にいるとか、そういう概念はないということですか？

バシャール そういう形になる場合もありますが、それを求めたりはしません。いろいろな形の関係があって、それらをそのまま受け入れています。別の形であるべきだ、などと思ったりはしません。そのままを受け入れるので、その関係から受け取れるものを受け取っています。もし、別の形態を強要すれば、その関係から受け取れるはずのものを受け取れないでしょう。

たとえば、２人のエササニ人がずっと最後まで添い遂げるということもあり得ますが、しかしそうする必要はないのです。私たちの社会ではほかの形態も存在していて、すべてが有効な形態です。

それと、私たちの社会はシンクロニズムに基づいて、テレパシーでコミュニケーションをしていますから、誰かと関係が終わるということがありません。常に全員が、必要な方法でつながっています。

私たちの星では、子供たちは全員の子供でありますし、大人たちはすべての

子供の親です。もちろん生物上の親というのは存在しますが、全員がひとつの家族のような関係です。

USP　地球人も今後そのような形になるのでしょうか？

バシャール　そうですね、ある程度、私たちの社会の要素形態を取り入れる可能性は非常に高いです。とはいえ、それが定着するには、あと数百年ぐらいはかかるでしょう。

USP　今、ご主人以外の男性の子供を産んで、ご主人が自分の子供ではない子を育てている人がいます。社会的に反感をかっているのですが、私としては古いビリーフだと思っています。これに対して、どう思われますか？

バシャール　私たちも（古いビリーフであることに）同感です。ネガティブな怖れからなのか、ポジティブで愛溢れるところからつくられたかによります。義理の親子関係という形自体がポジティブとかネガティブということはありません。その形の中にあるエネルギーがポジティブか、ネガティブかなのです。

おっしゃった通り、表面だけ見て義理の親子関係はネガティブだと思うのは、オールドファッション（時代遅れ）の見方ですね。

あなたが今の容姿を選んで
この世界に生まれた深い理由

USP　ひとつ聞いてよいですか？　三次元世界で、自分の容姿を嫌いだとか、受け入れられないという人がいるのですが、こういう問題はどうしたらよいのでしょうか？

バシャール　まず美しいという判断基準ですが、誰の判断基準を採用されているのでしょうか？　それと、一般的に多くの人が綺麗だと思う人はいますが、それが全員にとって真実であるということはありません。伝統的な基準からみると綺麗な範疇に入らない人でも、自分のことを別の意味で綺麗だと思っている人はたくさんいます。

社会で思われている綺麗という容姿ではない人もいますが、その人に特定の目的があるとしたら、その人の容姿はどんな容姿であれ、その目的に美しくかなっています。

皆さんは全員、美しさとは表面に表れる以上のものであることは理解していますよね？

ＵＳＰ

バシャールのいう、その特定の目的を教えてください。たとえば？

バシャール

いろいろな理由が考えられますが、ひとつはたとえば目立たずに、なにかを行いたい場合です。必要なことを静かに行えるよう、人から無視されるほうがよい、人の目線を集めたくない場合です。

また、皆さんの社会では、飛び抜けて美しいと頭が悪いと思われることが多いので、自分が賢いことをわかってもらうために、あまり美しくなりすぎないようにしている人もいるでしょう。

また、表面だけでなく、より深いレベルの美しさがあることを他の人に教えられるように、特定の外見を選んで出て来る人もいます。美しくない容姿で生まれてくる理由は、人の数だけあるでしょう。

さらに、美しくない容姿で生まれたことが、なぜ上手く機能しているのかは個々に見ていく必要があります。美しくない容姿で生まれてくる理由はひとつだけと一般化することはできません。

わかりますか？

USP

はい。じゃあ、今回はこのマスクをつけていこうかな～と、魂が生まれる前に自分で決めるような感じなのですか？

どんな体験できるか
もう楽しみでー♡
わくわく♡
今回の地球ではこの顔にするの♡すてきでしょ♡
わくわく♡
ときめく♡

「これは自分」だと思っている肉体は偉大な存在の小指程度！

バシャール　そうです。ゲームみたいな感じです。

覚えておいてください。**皆さんの肉体は、意識が投影されたものです。ですから仮面です。**

皆さんが「これが私だ」と思っている肉体は、本当の皆さんの偉大なサイズからしたら、小指くらいの大きさです。皆さんの肉体は、目に見えない偉大な存在の小指です。また、肉体は自分の性質の投影ですから、人工的な仮面ともいえます。したがって、皆さんは常にチャネリングしているのです。皆さんは、全員、チャネリングされた存在なのです。

私たちが皆さんに情報を提供できる理由のひとつは、私たちは仮面の向こうが見えるからです。皆さんの本当の姿をより多く見ることができるからです。

覚えておいてください。**物質的現実は、投影でしかありません。夢のようなものです。皆さんは実際にはスピリットとして生きているのです。それが皆さんにとっての自然な状態です。**

つまり皆さんは、スピリットとして生きているのですが、スピリットでないという夢を見ているのです。スピリットが見ている「スピリットでなくなったという夢」、それが物質的現実です。実際は、スピリットのままです。

USP

とてもリアルに見えているのですが、これはどういうことですか？

バシャール

それはこれが本当だと知っているからです。自分の偉大さを感じているからです。意識が拡大して成長していくと、本当の自分とのつながりを感じられるようになってきます。

そして**物質的現実を自分の投影、自分の創造であることに気がつき始めます。**

肉体の自分は、本当の姿ではなく、その一部でしかないことを理解するのです。

USP

それはスピリットでわかるようになるのですか？

バシャール

まずは物質次元でわかるようになります。物質的現実がより柔軟な、マジカルなものになってきます。

次に、**スピリチュアリティに目覚め始めると、シンクロニシティをたくさん経験するようになります。**

それは、シンクロニシティが、すべてはつながっている、すべてはひとつ、ということを物質次元で教えてくれるために起きている事柄だからです。

シンクロニシティ、あるいは、デジャヴと皆さんが呼んでいるものは、物質的現実の幻想を貫通して、もっと大きなスピリット次元の現実、本当の構造を経験し始めているということです。

USP この世界はシンクロニシティで出来ているんじゃないかと思うことがあるのですが、どうですか？

バシャール はい、そうですね。

USP だから今この瞬間、毎日が１８０度変わっていて、自分はなにも動いていないと感じるときがすごくあるのですが、それもそうですか？

バシャール そうです。本当にそうなのです。あなたはまったく動いていません。すべてのものは、いってみれば、あなたを通過しているといえます。実はそれですら幻想ですが、真実により近い幻想です。

たとえを使って説明しましょう。

今、あなたは映画館で映画を見ています。スクリーン上にあなた自身が速いスピードで道を移動しているシーンが見えていますが、それは幻想であって自分が動いていないのはわかりますよね。物質次元も同じように幻想であり、投影されたものです。

あなたは実際に動いておらず、動いているという幻想をいだいているだけです。そして、なぜあなたが動かないのかというと、行くべき場所がないからです。

すべては、今ここで起きているので、どこかへ動く必要がないのです。なにかを体験するためには、「今ここ」を使って、別の場所や別の時間に移動しているという幻想を創る必要があります。

時間も空間も距離もすべてはイリュージョン

USP　それは距離と空間だけでなく、過去や未来のような時間もすべて同じトリックというか、投影ですよね？

バシャール　その通りです。**時空は幻想であり、意識の投影です。**あなた自身があなたの意識のため自ら創ったフレームワーク（枠組み）で、そこでは、あなた自身をまるで別の視点から体験しているかのような体験ができます。

USP　深い、深過ぎる！　よく、わかりました。

バシャール　実際には、**すべてのものが「今ここ」だけに存在しています。**違う視点からの自分自身を体験するためには、フレームワークを創る必要があります。**あなたは、「ここ」と「今」にしかいないのですから。**フレームワークを創ることで、違う視点からの自分自身を体験でき、なおかつ、「今ここ」だけでは見つけることのできない、新しい発見をすることが可能になります。それはたとえていうならば、鏡を造って、鏡に映っている自分が本当の自分であるというふりをしているようなものです。しかし、鏡に映っている姿は、本当のあなたではなく投影されたものです。わかりますか？

USP　はい。今ここにいる私を信じるというビリーフを持っていたら、そのフレームワークですべてがクリエイションされていくと思っていいのですか？

自分は自分の現実を創っているクリエイター

バシャール

そこまではいいきることはできません。あなたはすでにクリエイターのような振る舞いをして、すべてを創っていますが、違いは、意識的にそこに気づいていて、自分がクリエイターではないというふりをしていない点です。

自分の現実を自分が創るのをやめようと思ってもできませんが、創っていることを忘れているのです。しかし、思い出すことができるのです。

つまり、**人生は、自分の現実を創るクリエイターになるための人生ではなく、すでにクリエイターであったことを思い出すための人生です。**

違いがわかりますか？

USP　はい、わかります。それが、先ほどの青写真、ビリーフへとつながっていくわけですか？

バシャール　もちろんです。物質次元では自分が信じていることだけしか経験できません。人工の仮面を創る最初の第一歩がビリーフです。

USP　バシャールの世界も、生まれたときは忘れていて、思い出すという同じゲームをしているのですか？

バシャール　そういう部分はありますが、皆さんほど忘れていません。私たちもまだなにかを発見する必要がある段階にいますが、皆さんから見たら拡大したレベルのゲームをしています。
私たちは、物質次元でゲームをするために知っておくべきことはすべて覚えています。そして、物質的存在から準物質的存在へ進化して、よりスピリットに近い状態で、別の次元で大幅に拡大したレベルでゲームを続けています。

USP

地球の人たちは、「なんで忘れちゃうんだ！　覚えていた状態でやっていた方が楽しいじゃないか」と多分皆が声を揃えていいそうですが(笑)、忘れた方がエキサイティングだから、こういう遊び場があるという認識でよいのでしょうか？

バシャール

おっしゃる通りです。ゲームの醍醐味は「思い出すところ」にあります。**自分が何者であるかを忘れなければ、自分自身を新しい観点から思い出すことができません。だから、忘れる必要があるのです。**

「なんで忘れたのだ」と思っている人は、ポジティブな状態もあり得ることを理解していません。物事はネガティブにしかならないと教えられ、それを信じているわけです。これが、苦労している唯一の理由です。

Ⅳ

すべては「All That Is」に通じる

ハイヤーマインドとフィジカルマインドの協働がベストバランス

USP　ここで一度、バシャールの会話の中に出るいくつかの言葉の意味を確認させてください。バシャールがいう「All That Is」であったり、昨日であったら「クリエイション」という言葉を使ったり、今日だったら「スピリット」という言葉を使っていましたが、大きく括れば、すべては同じことをいっているのでしょうか？　あと、「ソース」という言葉の意味もきちんと聞いてみたいです。

バシャール　「ソース」と「All That Is」は同じです。「スピリット」は「All That Is」の中にあるレベル（段階）です。「ハイヤーマインド」は、フィジカルマイ

ンド（肉体のマインド）のすぐ上にある非物質次元のマインドのことです。

たとえば、ソウルとかスピリットは物質次元を体験したいと思うと、自らの中に非物質次元の部分を創り、その部分はスピリットの次元にとどまります。これがハイヤーマインドです。さらに、物質次元を体験するための、夢を見ているような部分であるフィジカルマインドも創ります。

ハイヤーマインドは、フィジカルマインドより視点が高いので、フィジカルマインドを導くことに慣れています。フィジカルマインドの視点は限られています。ハイヤーマインドとフィジカルマインドを一緒に使えたら、統合された人として活動することができます。

USP　もっと高い次元にスピリットがあるってことですか？

バシャール　いいえ、ハイヤーマインドはスピリットと同じといえます。スピリットが夢を見ていて、その夢がこの物質次元にあるということです。

「All That Is」は鏡の間と同じ原理

USP　この日常で共同創造の現実というのは、「All That Is」が根本になっていると思うのですが、もう少し具体的に「All That Is」から見たからくりを教えてください。

バシャール　一番簡単なたとえは、鏡がたくさんある鏡の間です。**「All That Is」は、自分の姿が鏡に映った自分の姿を見ます。その姿が別の鏡に映り、それがまた別の鏡に映り、それがまた別の鏡に映り、何度も何度も映っていきます。**

USP　そうしたら、「All That Is」の視点からすると、この共同創造自体は、複数に広がるこの世界で出来ているということになるのですか？　要は皆が肉体で今いるとした場合、「All That Is」から見たら、それが一つひとつのパラレルアースで現実が創られているような状態なのか、ひとつから全部が見えているのでしょうか？
それと、ひとつから全部が投影されていて共同創造として成り立っているのかが知りたいです。

バシャール

そうです。すべての共同創造は「All That Is」の投

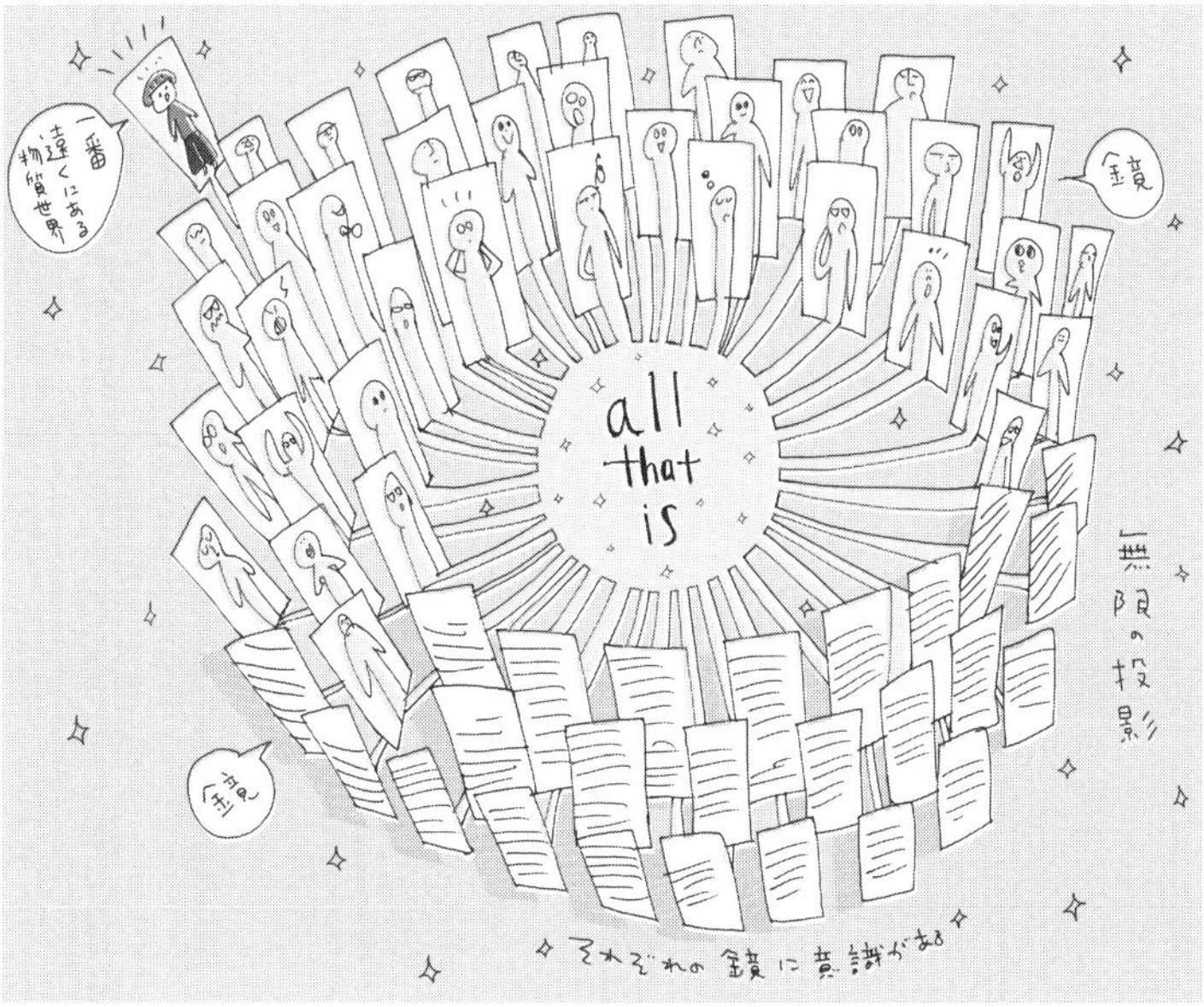

影なので機能でき、その一方で、すべての投影は自己意識があります。鏡のたとえを使うと、**共同創造は「All That Is」から見たら、鏡に映った自分の姿が自分を見ている、しかも、意識を持って見ている、という状態です。**

USP だから、全部がシンクロニシティになっているということに通じるわけですね？

バシャール そうです。**すべてはひとつです。シンクロニシティはすべてがひとつであるということを、時空のある物質次元で見せてくれる最良、かつ、唯一の方法です。**

USP HAPPY：物質次元で、鏡の中の私が自由意志を一番に尊重されているという認識でいいのですか？「All That Is」からしたら、私は鏡の中の存在ですが、鏡の中の私は自由意思を持っていて、しかもここが一番に尊重されているような気がするのです、意識や選択の部分で。
たとえば、私が物質次元で鏡の中で生きている自分を見ても意識がないから
もちろん私が動いたら向こうも動く。でも、「All That Is」の鏡である私は意
志を持っていて、さらに「All That Is」でなく、自分の意志が尊重されている
というイメージでよいのでしょうか？

「All That Is」の本質は無限の投影

バシャール　**そうともいえますが、「All That Is」があなたの自由意志を尊重してくれているというよりは、尊重せざるを得ないのです。尊重しなければ「All That Is」は、あらゆる形の経験をできなくなってしまいます。鏡に映った自分の姿を与えておかなければ、自分の姿が経験することに制限をかけてしまいます。**

USP　HAPPY：なるほど〜!! じゃあ、「All That Is」自体がそういうふうにデザインされているということですよね？

バシャール　「All That Is」がそういうふうにデザインをしているというよりは、それが

「All That Is」の本質的構造です。「All That Is」の本質なのです。デザインしているのではありません。

「All That Is」が意志の力を行使しているのではありません。物事が自然に起きるような構造になっているのです。存在している構造の中では、すべてのものが自然に流れるようになっているので、意志の力を使ったり、意図的にデザインする必要がないのです。

USP　自由意志とか？

バシャール　そうです。皆さんの自由意志を「All That Is」がなんらかの形で制限したら、投影しようとする数を減らすことになってしまいます。

「All That Is」とは、「All That Is」の無限の投影です。ですから、無限性を制限することは不可能です。

USP

では、なにかの感情が湧き起こる場合、感情のセンサーみたいなものと「All That Is」とのつながりはどうなっているのですか？　それもやっぱり性質になっているということですか？

バシャール

まず**感情は皆さんの物質次元での体験の一部です。感情は、ビリーフの結果生じますが、その一方でビリーフを強化します。それによって、あなたはそのビリーフに則った体験をすることができます。**

他の星の生き物が感覚を持っていないということではありませんが、皆さんが感じている感情とはだいぶ違う感覚を持っています。説明してもあまりよくわからないかもしれませんが、あくまでももっとも近いたとえとして聞いてください。それは、慈悲とか、思いやりという感覚に似ています。

USP

じゃあ、バシャールの世界では妬みとか怒りとかの感情はあまりないのですか？　喜びはあるかもしれないけど…。

バシャール　そうです。

USP　日本でも、友達に「もう私がいない」という人がいるのですが、「私」というエゴがない感覚に似ていますか？

エゴ本来の仕事は物質次元での経験を積むこと

バシャール　いえ、違います。まったく逆です。いい換えると、エゴには、エゴ本来の働きがあって、エゴが純粋にその働きだけをしている状態を「エゴがない」といっているだけです。**実際にはエゴが存在していないのではなく、エゴが本来の働きをしているだけです。**エゴの仕事というのは、皆さん一人ひとりが個別の経験を積めるようにすることです。エゴは性格の構造であり、物質次元において経験を積むことを可能にします。エゴの仕事は、これだけです。

エゴに、エゴ本来の働き以上の仕事をさせてしまうと、そのエゴはネガティブなエゴとなることがあります。そのネガティブなエゴを手放すと、エゴがなくなったように感じるのですが、実際は、エゴがエゴ本来の働きをしているので、エゴの存在を感じられなくなっただけです。

エゴを完全に手放してしまうと、肉体次元では存在できずに死んでしまいます。スピリットの次元では、皆さんが理解しているようなエゴではなく、自分自身のアイデンティティは感じられますが、物質次元でのエゴとは違った形で表現されます。

USP では、「私はいない」を目指して頑張っている人たちは、そもそも遊び方（ゲームのやり方）が違うということですよね？

バシャール 少し違っていますね。本来は、**「自分自身の全パーソナリティーとエゴを調和させたら、エゴの感じ方が今までとは違ってくる」**というゲームです。

別のたとえを出しましょう。

あなたは、海の上のボートに立っています。そこがスピリットの世界だとし

スピリットの世界
ジャポン
エゴ
視界が良くなるように水中めがねをしている
物質世界
よくみえるー

ます。さて、あなたは、物質次元を体験したいと思いました。海に飛び込むとそれが出来ます。海の中ではっきり見えるためには、水中メガネが必要です。水中メガネがあるので、魚やサンゴなど、海の中の世界がはっきりと見えます。

もし水中メガネをかけていなかったら、ぼんやりとしか見えません。ボートに戻ると、水中メガネを外します。**水中メガネがエゴです。**

エゴの役目は、海中の出来事をはっきりと見えるようにするということだけです。今回のケースでは、物質的現実での出来事です。エゴの唯一の機能はそれです。

ネガティブなエゴとは、たとえていうなら、水中メガネに泳ぐ方向を決めさせようとするのと同じです。水中メガネには、そんな機能はありません。

しかし、あなた自身が泳ぐ方向を決めれば、水中メガネをかけていることを忘れるでしょう。文字通り、水中メガネが透明になり、あなたは、水中メガネをかけているのを忘れてしまうでしょう。エゴも、エゴ本来の仕事だけを

スピリットの世界
ではメガネ
いらない。
とる
ポイッ

させれば、同じようにエゴの存在に気づかなくなります。

USP　なるほど。じゃあ、よりナチュラルで、よりニュートラルになっていくってことなのですか？

バシャール　そうです。

USP　ということは、フィジカルマインドではなく、どちらかというと、ハイヤーマインドに沿っているということですか？

バシャール　**ハイヤーマインドはボートの上にとど**

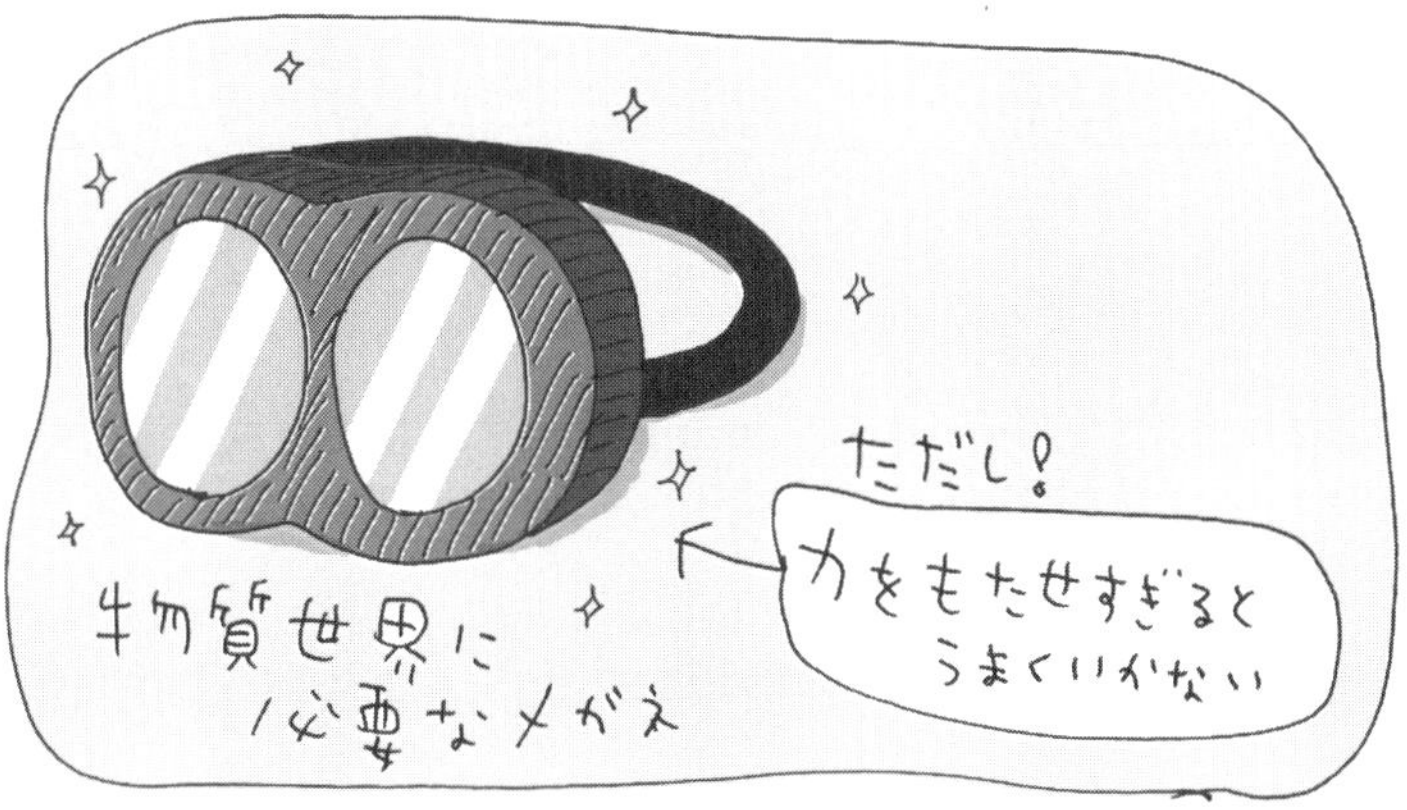
物質世界に必要なメガネ
ただし！
力をもたせすぎるとうまくいかない

まっている自分の一部で、「あっち行くと面白いよ」、「こっち行くと面白いよ」と指示を出してくれる存在です。

ハイヤーマインドは、山の頂上にいる自分の中の一部で、遠くまで見通すことができます。フィジカルマインドは、谷底にいる自分の一部で、曲がり角の向こうになにがあるのか見えていません。山頂にいるハイヤーマインドから「曲がり角の向こうが見える。こちらの道を通りなさい、注意して」といったガイドに従えば、すべてはスムーズにいきます。

しかし、ハイヤーマインドを無視して逆方向へ行ったら、穴に落ちるかもしれません。これは、より多くのものが見えるハイヤーマインドからのガイダンスに注意を払っていないからです。

ハイヤーマインドは
すべて
みえてる
ところから
おしえてくれてる
おーい
そっち
あぶないよー
こっちかな?

「非物質次元の知性」、「物質次元の知性」、「感情的な知性」で三位一体

USP　そのコネクトするものこそが感情だということでしょうか？

バシャール　イマジネーション（想像力）と感情の両方です。そして、**ハートがハイヤーマインドとあなたをつなげてくれます。**フィジカルマインド（第三の目のあたりをさしながら）は、ハイヤーマインド（頭頂部をさしながら）とハートの間にあります。フィジカルマインドは、ハートとハイヤーマインドの両方からの情報をもらわないと、バランスのとれた見方が得られません。

そして**バランスがとれていると、非物質次元の知性、物質次元の知性、感情**

的な知性（心の知性）の3つが協調して機能することになります。

USP　「感情的な知性」とハイヤーマインドは違うんでしょうか？

バシャール　同じ知性なのですが、表れ方が違ってきます。

USP　どのように違うのですか？

バシャール　ハートの知性（心の知性）は、ハイヤーマインドがどんな状態にあるかを波動で表します。フィジカルマインドは、ハイヤーマインドの状態との関係性を表します。

わかりましたか？

USP　う〜ん、もう少し説明が欲しいです！

バシャール　では、ちょっと違ういい方をしますしょう。

ハイヤーマインドが、ある波動、エネルギーの周波数を出します。ハートはその周波数に応じて、ハイヤーマインドとのつながりを表すエネルギー的な状態になります。

フィジカルマインドはビリーフを通して、（ハイヤーマインドの）在り方と調和するのか、しないのかを決めます。

言い方を変えましょう。毎回心臓が拍動するたびに、文字通り、実際に電磁的な泡（泡のような電磁的エネルギー）が光速で出ているのをご存じですか？　毎回、心臓が拍動するたびに、お互い（ハイヤーマインドとフィジカルマインド）のハートバブル（泡）の中に浸っているわけです。そして、ハートの電磁エネルギーは、純粋なハイヤーマインドの周波数を伝搬しているものの、同時にビリーフ体系（ビリーフの体系）を含めたフィジカルマインドと、ハイヤーマインドとの関係性を表す色を帯びています。

USP　わかりますか？
わかったような、わからないような…。

バシャール　もっと単純なたとえにします。

ハイヤーマインドから周波数が出ます。ハートは、ハイヤーマインドの純粋な周波数を透明なエメラルドグリーンであると解釈したとします。

しかし、フィジカルマインドは、ポジティブであれ、ネガティブであれ、ビリーフというフィルターを持っているので、純粋な透明なエメラルドグリーンの色をそのまま放射するのではなく、ポジティブなビリーフなら、より明るいエメラルドグリーン、ネガティブなビリーフであれば、より暗いエメラルドグリーンを周りに放射することになります。

（頭上をさしながら）トランスミッター（送信器）、（ハートをさしながら）反射器、（第三の目辺りをさしながら）フィルターとプロジェクターです。

USP　あー、なるほどねー!!　じゃあ、ハイヤーマインドの周波数っていうのは常にエメラルドグリーンってことじゃない？　愛と豊かさの調和がとれている状態…？

バシャール　はい、そうです。

USP　じゃあ、ハイヤーマインドから送られている周波数は常に心地よさや愛や調和なのに、フィジカルマインドが違う色にしているから、ハートはフィルターがかかってしまい、バイブレーションが本来のものとは変わってしまい、苦しくなったり、嫌な気分になったりとか、ただただそれだけの話？

バシャール　はい、そうです。これでエネルギーシステムがどのように機能しているかわかりはじめてきましたね。

USP　よくわかりました！　めっちゃわかりやすい！　ありがとうございます。

バシャール　はい！

エネルギー循環を最適化するための言葉の使い方

USP

先ほどのハイヤーマインド、ハート、プロジェクション（投影）という流れがありましたよね。この流れをうまくエネルギー的に日常でうまく使っていくための言葉の使い方ってありますか？　人間関係をよりよくするとか、ハイヤーマインドから来たものを活用するとか。

バシャール

いろいろな方法があると思います。たとえば、なぜワクワクを追求して、自分が一番よい状態のままでいた方がよいのかを説明することもできますし、あるいは、音や周波数で伝えてもよいと思います。

USP

じゃあ、たとえば、アーメンとかオウムとかそういう周波数の音で伝えればよいのでしょうか？

バシャール

また例をあげます。目の前にダイヤルがあります。時計回りの方向にまわすと、ポジティブなビリーフの周波数が増えます。逆にまわすとネガティブなビリーフシステムのエネルギーが増えます。そのときに、エネルギーがどう反射しているかを見ていてください。

（バシャールが声を出し始める）

まず、純粋なハイヤーマインドから。

〈あーーーーー〉※声を出す（安定したまっすぐなアー）

今度はハートです。

〈あーーーーー〉※声を出す（ハイヤーマインドのときと同じ音程）

そして、エネルギーはフィジカルマインドとハートの間を行ったり来たりして、フィジカルマインドの中にあるビリーフ体系にハートを合わせます。

つまり、〈あーーーーー〉※発声する。ポジティブだと、「あーー」の音が上がっていき、ネガティブだと、「あーー」の音が下がっていきます。

バランスがとれていれば、「あーー、あーー」（安定した同じ音）となり、純粋な流れになります。

波動を上げて意識が拡大されると、音は高くなります。

（尻上がり的に音が高くなるよう発声する）そして、エメラルド色のエネルギーの高い形として表現されます。

ネガティブなビリーフによって波動を下げると、バランスが崩れ、不調和音となります。

さて、ポジティブなエネルギーをそこに流し続けると、ハイヤーマインドのより広い部分にアクセスができるようになります。

最初は、あーー、あーー、あーーで始まったものが、あーー、あーー（より高い音になる）となります。

しかし、ネガティブなビリーフが多すぎると、ハイヤーマインドにアクセスできる範囲が少ないので、音が下がってきてしまいます。

あーー（音が下がり始める）・・・もごもご（音がくぐもる）

（何度か発声の違いを見せる）

つまりサウンドを使うときでも、音の調律を決めるのは、どれだけネガティブなビリーフを手放したかということです。

第三の眼と太陽神経叢《そう》を使って3つ目の音を出し、現実を創る

USP　投影がここ（第三の目のあたりをさして）、すなわちフィジカルマインドがここにあるから、第三の目を開けというのですか？

バシャール　**ひとつは第三の目です。もうひとつは太陽神経叢というみぞおちのところです。2つの周波数を使って、3つ目の音を創っている、**そんな感じです。

USP　なるほどー。こことここ？（第三の目とみぞおちの辺りを指さして）

バシャール　**2つの周波数がここ（第三の目）とここ（太陽神経叢、みぞおちの辺り）から出ていて、2つの倍音を創っている、あるいは、2つの周波数を使って三番目の倍音を創っているのです。2つの周波数が、現実を創っています。**

USP　じゃあ、さっきいっていたように、ハイヤーマインドの周波数をキャッチして、こっち（第三の目の辺り）から周波数が出ていて、これらが調和されて出ているのですよね。ハートでフィルターがかかるとトーンが下がって変な感じになるけれど、ここ（第三の目の辺り）とここ（みぞおちの辺り）からも周波数が出ているから、混じり合った音になるということ？

横型パララックスと縦型パララックスを駆使すると世界が変わる

バシャール　2つの倍音を創っている、あるいは、2つの周波数を使って三番目の倍音を創っているのです。2つの周波数が、現実を創っています。
皆さんはパララックスをご存知ですか？

USP　いえ、わかりません。

バシャール　人間には2つの目がありますね。目と目の間は、間隔が開いています。**目と目の間隔が開いていることで、片方の目が反対側の目とは少し違う視点から、**

横型パララックス
「物質次元の視覚的現実を認識する」
（現実のヴィジョンを知覚する）
パララックスの角度
これは
いちごのチョコ
ケーキ

ある対象物を見ています。そのことによって、立体視ができています。目と目の距離が、パララックスの角度です。物質次元では、3Dのヴィジョンをそうやって創っています。

そして、一方では縦方向のパララックスもあります。第三の目、ハート、太陽神経叢です。このパララックスでは、物質次元の感覚的現実を創っています。こちら（両目をさして）で物質的現実の視覚的現実を、こちら（ハートの辺りをさす）では、物質的現実の感情的現実を得ます。そして、ここ（第三の目をさして）では、見たことについてビリーフに基づいてどう感じるかを決めます。わかりますか？

USP　わかります。

バシャール　これは皆さんが実際に現実世界の体験をどうやって創っているかという高等物理の入り口です。

縦型パララックス
「物質次元の感覚的な現実を創る」
フィジカルマインド
ビリーフ
ポジティブ or ネガティブ
松果体
(第3の目エリア)
チョコを食べるとホッとする
チョコは太るかも
いちごはかわいい
ケーキは体に良くないかも
(例)
(ハート)
(太陽神経叢(みぞおちの部分))
現実

USP

HAPPY：なるほど！　そうか！　私はここ（眉間の辺りを指さしながら）だけかと思っていたんですよ。たとえば、ネガティブなビリーフを抱えている人でも、こちら（ハートなどの縦型パララックスを指で描きながら）のパララックスがきちんと補助しているから、すぐ病気になることもなく、死んだりしないのですね。こっち（横型パララックス）だけだったら、ネガティブなビリーフだらけだと、すぐ死に至るような気がしたんですよ。でもこっち（縦型のパララックスを指で描きながら）の補助がちゃんとあるんですね。むしろ、縦型のパララックスのエネルギーの方が強くて、もしネガティブに少し偏っていても、人は生命を保てているのかなと感じました。合っていますか？

ネガティブなビリーフに憑りつかれた幽霊たちが徘徊する地球

バシャール　ひとつの視点から見たら、そうともいえるでしょう。人は誰でも根底においては愛し、愛されたいと思っています。ただ、愛し愛されたいという願望とうまく自分を調和させるようなツールを持っていない人もいます。たくさんのネガティブなビリーフを持ち続ければ、そのうち死に至ってしまいますが、皆さんは時間のある世界に生きているので、なにかが起こるためには時間がかかるのです。

覚えておいてください。**皆さんの世界では、死人と同じような状態で歩きま**

わっている人が結構います。物質的現実では、モメンタム（運動量）や慣性があるので、死んだような状態であっても歩き回ることができます。物質次元の幽霊のような感じです。

そして、死人同然で人生を諦めてしまっていた人が本当に死んだ場合、その諦めが非物質次元にそのまま持ちこされて、皆さんが呼ぶところの地縛霊とか幽霊になる可能性もあります。そういう状態になってしまった人たちの多くが、自分が死んでいるということに気づいていません。

そういう人たちは、ガイドたちから死んだことを教えてもらい、より拡大された自分を体験することを選べるようになります。

ですから、**今、生きてください！　幽霊にならないでください！**

USP

今、ガイドの話が出ましたが、ハイヤーマインド以外になにかガイダンスみたいなものは一人ひとりについているのでしょうか？

バシャール　はい。皆さんにはスピリットガイドが全員ついています。

USP　ハイヤーマインド以外に？

バシャール　ええ、そういえます。非物質次元の家族とか、友達といったような存在です。

日本の神話は陰陽バランスの重要さを教えてくれる

USP

FUMITO：まったく違うテーマになりますが、日本の神話について質問します。日本では「古事記」という神話があり、天岩戸《あまのいわと》の話があります。天照大神《あまてらすおおみかみ》という神様が怖れや恐怖の心から天岩戸の中に隠れてしまうのですが、天照大神は太陽神なので、世の中が真っ暗になってしまうのです。この世が暗くなり、他の神々も困り果てて、天鈿女命《あめのうずめのみこと》という女神が笑いや踊りで天照大神の気を引くのです。結果、天照大神が天岩戸から出てきて、世の中が明るくなったという話です。日本では神話が日本人の心の表れにとても似ていて、今、心を解き放つときが来ているんじゃないかと感じています。また、天鈿女命のように笑いや踊りという表現をして、女性性の解放の大切さを説いているのではないかと思うのですが、どうでしょうか？

バシャール

一般的にいうとそういう解釈でよいと思いますが、もう少し具体的な側面もあります。

女神が天岩戸に隠れたというのは、日本の社会において、女性性が抑圧されたことを象徴しています。それを、喜びを通してバランスを回復する必要があるるということです。

皆さんの種族のエネルギーの半分を抑圧したり閉じ込めたりすると、暗黒の波動へと行きます。そして、陰陽のシンボルが示すように、どんなに暗いように見えても小さな明るい点があります。その小さな点が、(抑圧されたエネルギーを）おびき出す喜びのエネルギーです。それによってバランスが回復し、光が戻ります。

これで役に立ちますか？

USP　FUMITO：はい、ありがとうございます。近年、日本で古事記のような神話がブームになっている理由は、もしかしてバシャールが話してくれたことを日本人は心の深いところですでに理解しているのかもしれませんね。

バシャール　ええ、そうです。

意識を拡大したいなら単色より多色絵の具で人生を描く

USP またまたテーマが変わりますが、パワースポットと呼ばれる場所についての質問です。日本人は日本のパワースポットである神社に参拝する人がとても増えています。世界中にパワースポットがたくさんあると思いますが、日本人が日本の中にあるパワースポットである神社に行くことは、他の海外のパワースポットに行くよりも、もっとエネルギーチャージが出来るのでしょうか？

バシャール それはケースバイケースです。自分がどういうエネルギーと同調しているのか、どういうエネルギーに惹かれているのかを見ていく必要があります。そして、そのエネルギーに惹かれるというのはなんらかの理由があるはずです。すでにお伝えした通り、その特定のエネルギーから得るものがあるので惹かれているのかもしれません。それは、自分で決める必要があります。

日本にはパワースポットがたくさんあり、それらに惹かれることもあれば、海外にもパワースポットがたくさんあって、それらに惹かれることもありますね。

自分の意識を拡大するためにいろいろなパワースポットに行って、いろいろなエネルギーを自分の中でブレンドしてバランスをとっているわけです。

いい換えると、絵を描くのに、「今までは青い絵の具しか使っていなかったけれど、これからは赤、オレンジ、黄色、緑、茶、白、黒といろいろな色を使って、より表現豊かな絵を描こう」と言っているのと同じです。

青い絵の具が悪いといっているわけではないのですが、**自分の意識が広がると、より多くの波動、より多くの絵の具が欲しくなるはずです。**

USP

次に、神についてうかがいます。

日本人にとっては神道や仏教が身近な宗教といえますが、海外であれば、キリスト教だったり、イスラム教だったり、いろいろな神という存在があります。神という概念は、人間が単に創り出した偶像なのか、それともなんなのか、バシャールの視点から神の概念を教えてほしいです。

「All That Is」の外側にはなにもない

バシャール

神＝「All That Is」です。すべてです。「All That Is」の外にはなにもありません。なにかを神の表れと呼んでも、それは神を単に表現したものです。そして、それらはすべて真実です。なぜなら、「All That Is」の外になにかを創ることはできないからです。「All That Is」は、存在そのものです。すべての表れは、存在の表れです。それぞれの神は、存在を特有の視点から表しただけです。

ですから、皆さんが神をどう想像するかについては、ありとあらゆる可能性があり、そのすべてが真実です。なぜなら、神以外のものを受け取ることはできないからです。

椅子も神、床も神、この建物も神、地球も神、星も神、すべてが神です。

USP　日本の神道では、神の道と書いて神道といっています。自分の中に神がいて、その神が歩いて行く道だと神道はいっているのですが、見ているもの、接触するもの、今、バシャールのいっている、すべてのものに意識があって、神である、ということですよね？

バシャール　そうです。どういう名前で呼んでいるかの違いだけです。存在と特定の視点からの関係を結ぶことを可能にするパーミッションスリップです。

USP　キリストや仏陀などは、当時から意識がとても高かったから神のように崇められたというふうに認識しています。たとえば、今の時代だったらバシャールが神のように見えるし、私たちが江戸時代に戻ったら、意識が高いから、神に見えるとか。ただそれだけの現象だと思うんですけど。

バシャール　そうですね。

USP　じゃあ、今の地球で目が覚めている人（覚醒している人）たちがいたとして、仏陀とかキリストと同じくらいの意識レベルになっている人がいるんじゃないかと思うのですが、どうなのでしょう？

バシャール　はい、います。**皆さんの社会では、原住民とかそういう人たちの間にいます。非常に自然に近いところに住んでいる部族です。原住民でなければ目覚めていないという話ではありませんが、目覚めて仏陀やキリストと同じ意識レベルにいる人の多くは原住民です。**

一方で、大都会で生きている人、それから、そこら中を移動している人の中にもいます。しかし、皆さんはその人たちを見た時に、その人がそうだと気づかないかもしれません。すでに数百歳という人もいますが、このテーマは次の機会に譲りたいと思います。

それでは、この交信は皆さんから見たら明日、私たちからしたらほんのちょっと先の瞬間に続けたいと思います。
この交信の共同創造に感謝します。無条件の愛と感謝を皆さんに。ごきげんよう。

USP

ありがとうございました！　楽しかった〜！

2016.08.29 3rd Day

V

ハイヤーマインド、フィジカルマインド、ハートの三位一体で第三の眼が覚醒する！

「サードアイ・アウェアネス（第三の眼の覚醒）」を発動させる方法

バシャール　それではまた会話を続けていきましょう。皆さんの進めたい通りにどうぞ。

USP　お願いします！　まず、昨日〈2日目〉のエネルギーシステムの機能の仕方の続きを確認させてください。
音の言葉、音の周波数を出すのは太陽神経叢とハートのミックスと第三の眼で3つ目の音になるというので合っていますか？

バシャール　まずは、ハイヤーマインドから始まります。それからハートに移っていきます。それからフィジカルマインド、あるいは脳に移っていきます。そしてすべての周波数が組み合わさって太陽神経叢から出ていきます。

USP え？ 太陽神経叢から出ていく？

バシャール はい、そうです。

USP 昨日、右目と左目のパララックスの話がありましたよね？ ここ（眉間の辺り、第三の眼の辺りを指さして）のフィジカルマインドと、ハートの部分のこの接点になるところが太陽神経叢になるのですか？

バシャール はい、そうです。

USP フィジカルマインドというのは、第三の眼ということで合っていますか？

バシャール　いいえ。フィジカルマインドそのものは第三の眼ではありません。フィジカルマインドとは、ビリーフであり、感情であり、思考です。**フィジカルマインドとハイヤーマインドのバランスが最適にとれていると、皆さんが第三の眼を使って経験するような出来事を経験するようになります。**フィジカルマインド、ハイヤーマインド、ハートとバランスがとれている状態では、第三の眼を知覚するようになります。

USP　昨日のその右目と左目の距離があいているのが、パララックスだといって、ここ（第三の眼の辺りを指さして）とここ（太陽神経叢の辺り）の距離があいているのは、このように（それぞれを延長線上に、かつ縦線に交差させているジェスチャー）交差させて見るからだ、というか、感じるからだとおっしゃっていた気がしますが、もう一度縦方向のパララックスについて説明してもらえますか？　頭がこんがらがってきてしまいました(笑)。

バシャール　縦方向のパララックス自体は、第三の眼エリアからきますが、厳密には脳の松果体から来ています。

USP　あーなるほど！　別にここ（眉間を指さし）というわけでなく、この辺り（第三の眼の辺りをもっと大きく指さし）ということですね！

バシャール　はい。ただし、バランスがとれていれば第三の眼からも出ている周波数と同調します。

第三の眼は肉体次元に落とすと松果体になります。
松果体が第三の眼の周波数を出すメカニズムを持っているわけです。

USP　では、確認ですが、現実の感じ方を創り出しているのは第三の眼、あるいは松果体とハートで合っていますか？
プロジェクション（投影）はここ（第三の眼の辺りを指さし）でしているん

ですよね。

バシャール それは、その現実がなにかによります。

なんの現象ですか？

USP ハイヤーマインドからメッセージしてきたものをハートで受け取って、それを、松果体・第三の眼と一緒にハイヤーマインドから受け取ったものをストレートに現象化させる、具現化するという……。

バシャール **具現化のための投影とは、第三の眼とハート、太陽神経叢の両方を通して行われます。**いろいろな場所から投影されます。第三の眼と太陽神経叢のパララックスは、エネルギーのパララックスであって、両目のパララックスとは違っています。混じり合う周波数の話です。

USP　でも、ミックスされているというわけですね？

バシャール　はい、そして、それが心拍とともに電磁バブルに乗って運ばれています。

USP　ハートでキャッチしているからそこで運ばせている？

バシャール　そうです。ただし、運んでいるのは、ハイヤーマインド、フィジカルマインド、ハート、それぞれの状態をミックスした周波数です。

USP　それがいわゆる言葉というか…？

バシャール　はい、そうです。

USP　ハートとハイヤーマインドのバイブレーションって多分一緒だと思うんです

けど？

バシャール　一緒ではありません。

USP　うーん、一緒じゃない？

ハートはハイヤーマインドの反映であって、同一にあらず

バシャール　なぜかというと、片方は源であって、もう片方はその反映だからです。ハートで反映されたものが、フィジカルマインドのフィルターを通されます。それが、再びハートに戻されるので、ハートの波動はハイヤーマインドの波動とはかなり違ってくる可能性があります。

USP　フィルターにかかる前は一緒ってことですか？

バシャール　そうですね。非常に似ていますが、ハートはあくまで反映です。

USP　昨日のセッションと重複するかもしれませんが、ハートバブル（泡）というのは太陽神経叢とハートを交えるためのツールみたいなものですか？

バシャール　**ハートバブルが運んでいるものは、ビリーフ、ビリーフとハートとの関係、ビリーフとハイヤーマインドの関係、そして全身のチャクラの振動数が組み合わさった周波数です。**それをもの凄いスピードで伝播しています。

USP　おぉ～、難しいけれど、非常に面白い！　ありがとうございます。
では、次の質問に行ってよいですか？

バシャール　どうぞ！

チャクラの働き方は人生のテーマや体験によって千差万別

USP

各チャクラの機能のシステムなどに関して教えていただきたいのです。「腑《ふ》に落ちる」という言葉が日本にありますが、どのチャクラに関連していることなのかを教えてください。

バシャール

腑に落ちたトピックの内容にもよります。複数のチャクラが関係していきますが、**深いレベルで理解するときは、その理解はクラウンチャクラ（頭頂のチャクラ）で結晶化されています。**

USP　わかりました。たとえば、第1チャクラが連動する機能はなんですか？

バシャール　自然とのつながり、物質的現実へのグラウンディングです。第1チャクラは、あなたと自然のつながりを表しています。

USP　役割はわかりました。先ほどみたいに連動して機能しているシステムのようなものはありますか？

バシャール　それは状況によります。チャクラは常に流動的なシステムです。いつも決まった動きをするわけではありません。

USP　なるほど～！

バシャール　そのときのテーマ、体験、ビリーフ、その他いろいろなものによってチャクラが活性化される順番が変わり、あなたが探求している経験を表す複合的なエネルギーをそれらのチャクラがつくります。

USP　へえ〜。ということは、クラウンチャクラであったり、丹田のチャクラであったりしても、同じことがいえるのでしょうか？

バシャール　はい、そうです。そういうシステムなのです。

USP　よくわかりました。そうしたら、一般的ではない、ゼロポイントフィールドチャクラという喉仏の後ろのチャクラとか、背骨と背骨の肩甲骨の間のエネルギーポイントというのはどういう役割があるのでしょう？　それも連動している機能ですか？

バシャール　システムですから、当然連動しています。

喉の後ろのゼロポイントシステムを私たちはチャネリングチャクラと呼んでいます。チャネリング状態になっているときに、ここのチャクラが活性化しています。

USP　へぇ、そうなんだ！　肩甲骨と肩甲骨の間というのは、どういう役割があるのか教えていただけますか？

バシャール　**ガイダンスチャクラと私たちは呼んでいます。**

例をあげて説明しましょう。

誰かがあなたを導いているとき、通常、その相手はあなたの肩甲骨の間に手を置いてガイドしてくれています。

USP　おー!!　そうなんだ！

バシャール　スピリットガイドがあなたを導くために触る場所です。
背中を触ってもらっているということは、あなたは導かれている、サポートされていることを象徴しています。
いい換えると、非常に優しく進むべき方向に押されているのです。

USP　だから、人間は背中をさすって、「大丈夫だよ」ってよくやるんですね？

バシャール　はい、そうですね。

USP　よくわかりました。ありがとうございます。
この前のセッションの中で、創造のエネルギーはポジティブ51：ネガティブ49になっていて、ほんの少しだけポジティブに傾いているから、創造が可能なのだという話をされていましたよね？　現実創造のために、先ほどバシャールがお話しになったパララックスの部分でも、もしかしたら、ポジティブなエネルギーに少し強く傾いてつくられているんじゃないかなと思ったんですけど…。どうなのでしょうか？

バシャール 51対49という考え方を、パララックスに当てはめようとしていますか？

USP はい。

バシャール この（縦方向の）パララックスが、具現化の中枢的なポイントであるという見方に立てば、そのような表現を象徴的な表現として使うことはできるでしょう。ちょっと無理なところがありますけども、象徴的にそう表現することは可能です。

USP 要するに、厳密にいえば正しくないということですよね(笑)。うーん、うまく表現できないのですが、たとえば、いくらネガティブなビリーフが入り込んでしまっても、最終的に、ハイヤーマインドやポジティブなビリーフが勝るというか、そちら側に傾いていくのではないのかな、ということを聞きたいのですが。勧善懲悪、というか、いろいろな葛藤はあったけど、最終的に正義は勝つみたいな(笑)。

要するに、ネガティブなビリーフやネガティブなエネルギーよりも、ハイヤーマインドの方が強いんじゃないか、ということを知りたいです。

バシャール　少しお待ちください。質問のコンセプトが少し違うようです。どういう意味で、ハイヤーマインドの方が強いといっていますか？

あなたをポジティブな方向に引っ張ろうという意味ではハイヤーマインドの周波数はより強いといえますが、フィジカルマインドがどんなビリーフを信じるかを決めたその選択を覆すほどは強くありません。

ハイヤーマインドは、フィジカルマインドに対して決して強要することはありません。強い（strong）という単語に混乱があったと思います。

すべての痛みは自己と相容れない周波数を感じるために起こる

USP　なるほど。そうしたら、先ほどの続きの質問なのですが、誰かになにかをいわれて、みぞおちがキューっと痛くなったり、お腹が痛くなったり、その人によって痛くなる所があると思いますが、それは、先ほどのエネルギーの機能、システムとは関係なく、個人のネガティブなビリーフによって起こるのですか？

バシャール　**太陽神経叢が痛くなるのは、いわれた内容の周波数に自分がマッチングしてしまい、いわれたことが真実であると信じたからです。**自分本来の周波数とは調和しない周波数を創ってしまったことで、太陽神経叢が痛くなったのです。

すべての痛みは、その人本来の周波数に対する抵抗が表れたものです。

誰かにネガティブな波動を持っている言葉をいわれて、それが本当だと信じてしまうことでその波動にマッチングすると、自分の中で抵抗を生むような波動をあなた自身が創り、痛みを感じることとなります。

USP 抵抗を痛みと感じるんだ！　おー、凄い！

手の平《ひら》の小さな磁石が地球全体の強い磁場を凌駕する?!

バシャール　少し、お待ちください。

ハイヤーマインドとフィジカルマインドのどちらが強力であるか、という話に戻りたいと思います。

例をあげます。それでもう少し、はっきりとわかると思います。

では質問に答えてください。

地球全体の磁場と、あなたの手の平《ひら》にある小さな磁石のどちらがより強いでしょう?

USP 地球全体！

バシャール いいえ。ある面からみたら、正解です。コンパスを手に取ると、磁北を指しますね。これは地球の磁場にコンパスが反応しているからです。しかし、小さな磁石をコンパスに近づけると地球の磁場は無視されて針は磁石の方に向きます。このたとえで、わかりますか？

地球全体の磁場がハイヤーマインドのエネルギーで、小さな磁石の磁場はフィジカルマインドのパワーです。地球の磁場の方が大きいように思えますが、小さい磁石の

選択、つまりフィジカルマインドが物質的現実でとった選択を変更することはありません。

地球の磁場の方が小さな磁石よりも磁力は強いですが、地球の磁場は非常に大きく、分散していっています。一方、小さい磁石の磁力は集約しています。

これで、わかりやすくなりましたか？

USP　すごくよくわかりました。バシャールのたとえ話はどれもイメージしやすくなって、本当にわかりやすいです。出来の悪い生徒たちに教える名教師ですね（笑）。ありがとうございます！

バシャール　では、先に進めてください。

V ハイヤーマインド、フィジカルマインド、ハートの三位一体で第三の眼が覚醒する！

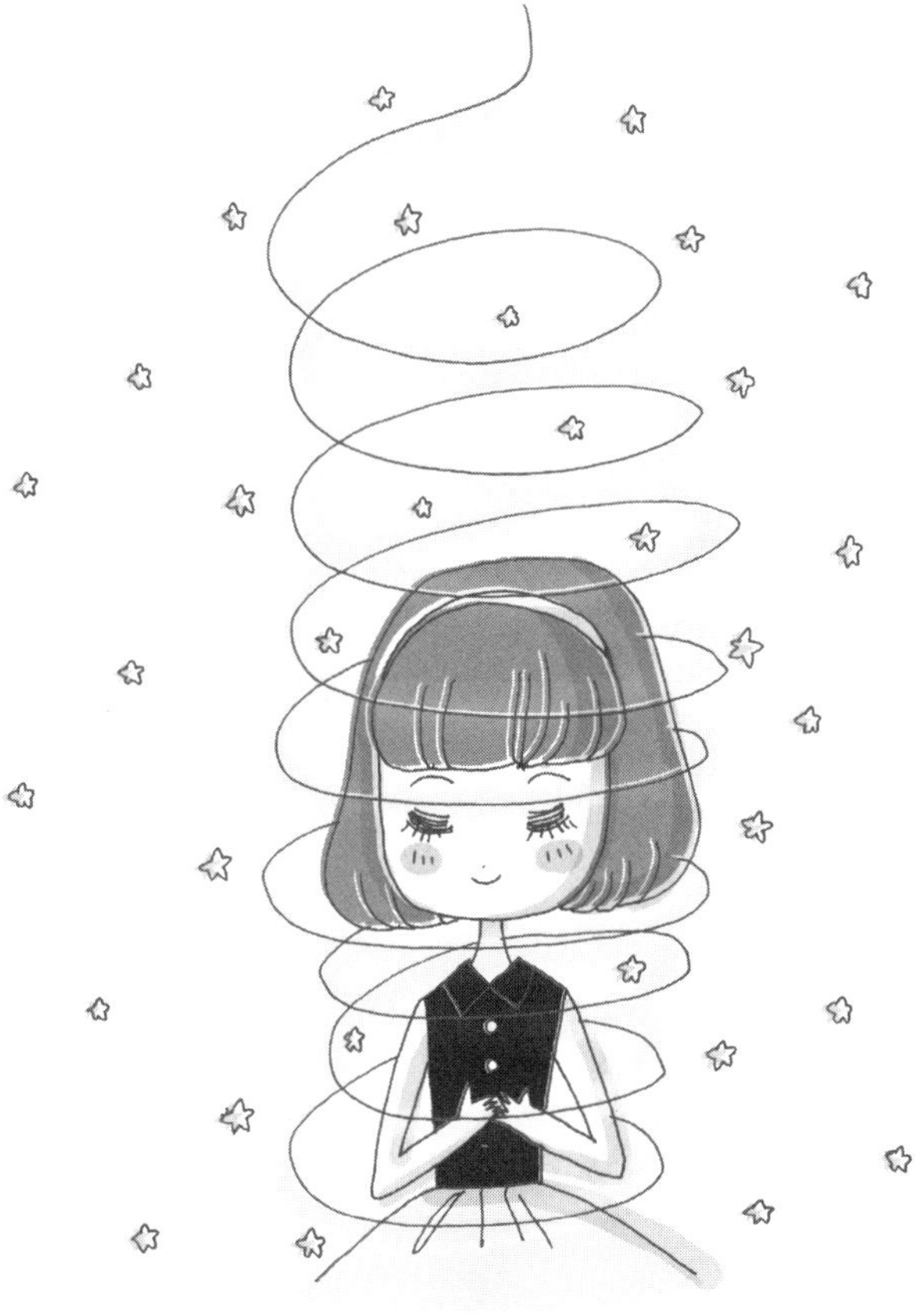

日本を守る宇宙意識体の存在

USP　では、ちょっと質問が変わります。

バシャール　はい。

USP　バシャールはアメリカを守る存在として、昔は日本にも来られていたと聞いたのですが、今はアメリカのところに母船があると聞いています。それは、アメリカを中心に守らなければならないからなのですか？　それと、日本を守っている宇宙意識体というのはあるのでしょうか？

バシャール　そうです。**地球の周りには、いろいろな宇宙意識体が世界中にいます。エサ**

サニの存在がいる場所もあります。私の担当は、あえていえば北米ということになります。私の文明の存在に限っていうと、私がメインのコーディネーターです。他の存在は、他の国を担当していたりします。

USP　ふぅん〜！　では、日本を直接的に守ってくれている意識体があって、名前があるのでしたら、教えてほしいです。

バシャール　私たちに名前はありません。

USP　え、ないんですか？

バシャール　バシャールというのは、私の名前ではありません。皆さんの地球の言葉でメッセンジャーという意味でしかありません。テレパシーでコミュニケーションしていますから、名前は必要ないのです。

USP　どの星の存在かわかりますか？

バシャール　皆さん、誤解しています。

複数の文明から来ている存在が、一緒にいろいろな地域を担当しています。私の文明、エササニは北米担当ですけれども、エササニ以外の文明からも北米に来ています。**日本にもいろいろな星の存在が来ています。**ほかの国でも同じことです。ひとつの存在だけがひとつの国の担当ということはありません。

地球上の地域をそれぞれ担当している地球外文明は、代表者を地球上の主な地域に出しています。

これで、質問の答えになっていますか？

USP　なにかひとつくらい惑星の名前を知りたいのですが。

バシャール　たくさんありますけども、ひとつは恒星系のシリウスです。

エササニからも行っていますが、私ではありません。

それから、ヤエル文明からも、アメリカ、日本、さらにもっと他の国々にも行っています。

プレアデスからもアメリカ、日本、そのほかの地域に代表者が行っています。

SUBARUね（冗談っぽく）。

USP

昴！（笑）

あ！　あと、ベガはどうですか？

バシャール

ベガには、もともとベガ由来の文明はありません。いろんな星の存在がベガを訪れますが、身体を持ったベガ星人はいません。すべての星には、非物質的意識体が存在しますが、現在地球上で起きていることにベガはあまり大きな関与はしていません。

現在の地球と関与している非物質的意識体のうち、もっとも関与が強いのは

シリウスとアークトゥルス恒星系の存在です。そして古代オリオンと、地球とは関係があります。
それから、皆さんが気づいていない他の文明もありますが、その名を明かすことは、今の段階では許されていません。

USP
わかりました。ありがとうございました。
あと、白色同胞団という名前をよく聞くのですが。

バシャール
白色同胞団は、高次の集合意識で、皆さんが知っているような肉体を持つ存在ではありません。
一番わかりやすいたとえでいえば、**スピリットガイドの評議会みたいなものです。**
ただし、いわゆる政治的な組織としての評議会とは違いますが、比喩として、評議会のようなもの、ということです。

夜中の2時から4時にさまざまな次元のポータルが開く！

USP　ありがとうございました。次の質問よいですか？
バシャールが午前2時から午前4時は本来もっとも人間のエネルギーや意識が高くなるということをいっていますね。反対に昼の2時から4時がエネルギーラインが落ちるときだとか。それは、全員が寝ているタイミングだから、地球人の意識が高くなるのでしょうか？　どういう意味でこうなるのか知りたいです。

バシャール　それが地球のエネルギーリズムの自然なサイクルなのです。

午前2時から午前4時の間は、いろんな次元に対してエネルギーが開きます。

いい換えると、ポータルが開くのです。そして午前2時から午前4時は、開いているピークであって、この時間帯は別次元からの情報やエネルギーを受け取りやすいのです。

USP

日本の午前2時から午前4時と、ブラジルの午前2時から午前4時では違いますが、それはどこの国でも午前2時から午前4時がよいのですか？

バシャール

自分がいるところの午前2時から午前4時です。エネルギーが開く時間帯は、地球に沿って移動しています。

午前2時・午後2時という上下の動きだけでなく、回転する動きもあります。

USP

では、なぜ今、地球人は反対の生き方をしているのでしょうか？

バシャール

多くの人がバランスを崩し、自然のサイクルから離れてしまっているからです。

しかし、たとえば、この時間帯はいろんな次元に対してポータルが開いていますから、この時間帯に寝ていれば肉体を抜き出て別次元に行き、肉体のチャージをして帰ってくることが簡単にできます。

このサイクルをどう活用しているのかによって、違ってきます。

自分自身と調和してくると、それほど長い時間、眠る必要がなくなってきます。

物質的現実の調和を、高次元的現実の周波数で調和できれば、あなたのマインドの中において、物質的現実と非物質的現実の差があまりなくなってきます。

私の文明では、物質的現実と霊的現実が、ほとんど同じである進化段階にあります。ですから私たちは眠りません。それは、私たちは常に目覚めていると同時に、常に夢を見ているからです。

USP　レムリアやアトランティスのような時代はどうだったのでしょうか？　そういうサイクルの生き方をしていた時代はあったのでしょうか？　午前2時から午前4時に皆が目覚めていて、皆が働いていたのでしょうか？

バシャール　はい、そうです。

レムリアと初期アトランティスです。後期アトランティスは違います。

そのほかいくつかの古代文明においてもそうでした。それらのいくつかについては、だんだん知られてくるようになったものがありますが、まだ知られていない古代文明も含まれています。

不食や睡眠時間と人の霊的進化に直接的な関係はない

USP　あまり眠らない人って、今のこの地球にもいると思うのですが、そういう人たちはあまり食べない人が多いですよね。ファスティングも一部の精神世界系の人たちの中で流行っていますし。それはなにか関係しているのですか？

バシャール　はい、あります。
私たちも、もうまったく食べません。私たちは眠らず、食べません。
私たちは、単純に存在のエネルギーと直接つながります。

USP　だんだんこの地球も、そういう人たちが多くなってきているように思いますし、今後さらに増えるような気がしますが、合っていますか？

バシャール　そうですね。**そういう人は増えてきますが、そういう人の方が霊性が高いのだとは思わないでください。**

全員が眠らず、食べなくなる必要があるわけではありません。いまだに眠り、食事もとる人たちの中に非常に霊性の高い人がいます。

そのうち、地球の文明でも今のエササニ星のような状態になるかもしれませんが、現在の地球の進化段階では、スピリチュアルな人として生きてゆくのに皆が同じことをする必要はありません。一人ひとり、ケースバイケースで、本人が自分にとって正しいと思うことをやっていく必要があります。

USP　わかりました。あとひとつだけ、体に関する質問なのですが、急激に周波数が変わると、体がうまく動かなくなったり、心身になんらかの変化が起こるのでしょうか？

バシャール そういうことが起きることはありえますが、それは体がある状態に達したことからくる症状というよりは、むしろ、どこかの状態に到達する途中の移行期であるために起きた症状です。

USP なるほど。わかりました。

Ⅵ

「自分自身で在ること」こそが究極のミッション

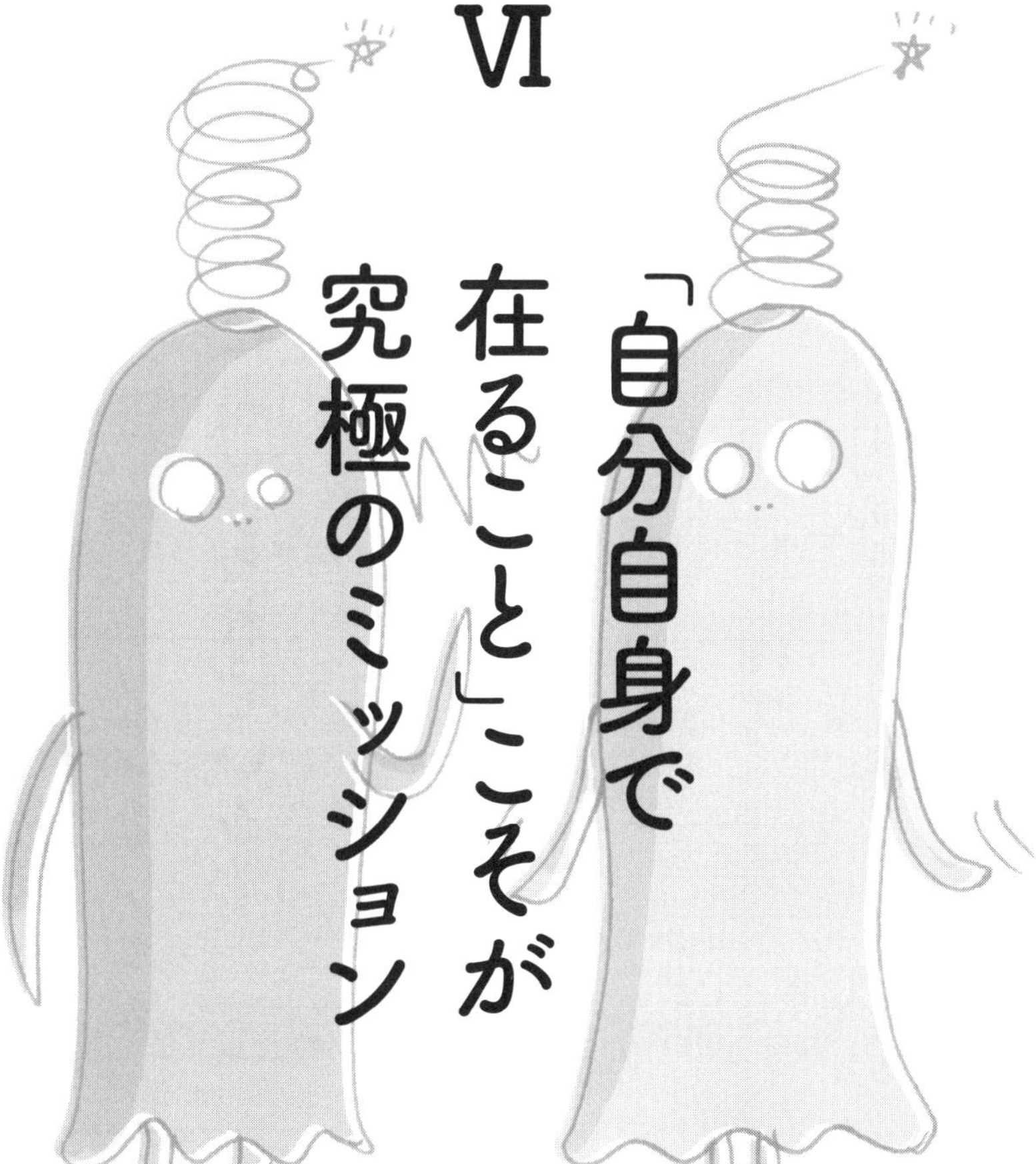

月を経由してイプシロンエネルギーが地球に届けられている

USP　月と身体に関しての関係性についてです。人間と月の関わり方について教えてください。

バシャール　皆さんの月からは、さまざまな周波数が放出されています。

皆さんがご存じなのは、女性性のエネルギー、ミステリーのエネルギーなどですね。

エササニ星の周りの軌道に乗って旋回している3つの人工的な構造物があり、その構造物からエササニに向けてエネルギーが放出されています。

このエネルギーを私たちはイプシロンと呼んでいます。

イプシロンエネルギーは月にも放射されており、月を経由してエササニのエネルギーであるイプシロンエネルギーが地球に到達しており、地球をある方向へ強力に導いています。

イプシロン〈epsilon〉は、ギリシャ語のアルファベットです。

脳波を見るのにアルファ、データ、ガンマなど、ギリシャ語のアルファベットが使われていますが、イプシロンもそのアルファベットの一文字です。

エササニの周りを旋回している3つの人工物は、イプシロン、エピファニー、イクリプスです。そしてこれら3つを統合したエネルギーを一般的にイプシロンと呼んでいます。

このイプシロンエネルギーが、エササニに届いていることによってエササニではシンクロが起きやすくなっている上に、テレパシー能力が強くなっています。

私たちはイプシロンエネルギーを皆さんの月に反射させることで、イプシロンエネルギーが地球に到達するようにしています。エササニでの効果と同じような方向へ地球を導くためです。

このエネルギーに対してオープンになると、まずは、男性性と女性性のエネルギー・バランスの回復がはかられ、さらに、創造のミステリアスな部分に対して、より意識的になることができます。

このイプシロンエネルギーは、私たちの宇宙船の動力源でもあります。私たちの宇宙船は、私たちのハイヤーマインドを物質化したものです。したがって、イプシロンエネルギーは物質的現実においては宇宙船を通して物質化します。宇宙船がレンズのような働きをします。

皆さんの肉体の脳において、チャネリングしているときの状態でもあるガンマ波は、毎秒40サイクルから120サイクルという脳波として現れます。

一方、イプシロンエネルギーは、脳においては毎秒100サイクルから333サイクルという脳波になります。

このサイクルは、皆さんがアセンデットマスターとか、偉大な霊的教師と呼んでいる人たちのレベルと同じになります。

仏陀とかキリストですね。彼らは脳の中でイプシロンエネルギーを使っています。

新月でネガティブなビリーフを炙《あぶ》り出し、満月に向けてそれらを手放す

USP　凄い！　あと、満月と新月が人間に与える影響を教えてほしいのですが。

バシャール　それは、満月や新月のエネルギーに対して、どういう関係を持っているかによって変わってきます。ですから、ケースバイケースです。どういう見方をすればよいか例をあげます。

新月のときには、自分の内側にあるミステリーとか秘密とつながるのによいタイミングです。またフィジカルマインドの中にある、ネガティブなビリーフを見つけるのにもよいタイミングです。

そして、新月からだんだん満月に向かっていくエネルギーは、新月のときに見つけたネガティブなエネルギーを手放すことを容易にします。

それを通して、あなたの内側にある光を明らかにしていきます。あなたの中にある光は暗闇を照らしてくれ、本当のあなたを見せてくれます。

物質的現実では、たくさんのものに周期がありますから、満月が終わったらまた最初から、同じプロセスを繰り返すことができます。

USP　より多くのイプシロンエネルギーを自分の内に取り込むための行動は、外に出て月の光を浴びる月光浴が一番よいですか？

バシャール　はい、そうですね。

それを、パーミッションスリップとして使ってください。

USP　わかりました。ありがとうございます。
ということは、満月の方が新月よりもエネルギーが強いとか、満月と新月では人への影響が違うとかいろいろといわれていますが、そういうことでなく、それぞれの月のサイクルでやるべきことが違うということですよね？

バシャール　おっしゃる通りです。ただ、月のエネルギーが象徴しているものは、周期（サイクル）ということですね。

USP　うぅ～ん（一同納得）。たとえば、統計学上に、満月の日は出産が多いというようなことも聞いたことがあるのですが、なにか理由がありますか？
また、満月に生まれた人にはなにか特別な使命があるなどの因果関係があるのですか？

バシャール　それは、ケースバイケースです。

ミステリーの時期に産まれる必要のある人もいれば、ミステリーと開示の中間あたりで産まれる必要のある人もいます。

USP 具体的に、そのミステリーという意味合いをもうちょっと詳しくお願いします。

バシャール **ミステリーとは、「自分はまだ知らないということを認識していて、なおかつ、知らなければならないと思っていること」です。**それは、本当の自分を見つけ、自分の中に隠れているものを開示する原動力でもあります。

USP そうすると、満月に産まれた人というのは、本当の自分を見つけるために、わざわざミステリーのときに選んで産まれてきているということなのかな。自分を見つけるという凄い課題を背負ってきているというか…。

バシャール そうとも限らないです。

そのいい方は、一般化しすぎています。

月のエネルギーをある人がどう活用するのかを知るためには、詳細な情報が必要になります。

エネルギーの見方はさまざまありますし、そのエネルギーがどう現れるかは、その人の性格によっても違ってきます。たとえば、暗闇にいても非常にオープンな人がいます。明るい所でもなにかを隠す人がいます。人によります。

USP ありがとうございます。月はわかりました。次に、太陽に話題を移したいと思います。太陽と人間の関係というのは？

バシャール 太陽に話題を移す？　あまり太陽のそばに移ってはいけません！　非常に熱くて危険です。

USP （一同爆笑）。

バシャール 本気でその質問をしていらっしゃいますか？

USP はい。エネルギーの部分とか、人にどのような影響を及ぼすのかなと思いまして…。

バシャール 熱とか太陽の引力以外のことですか？

USP そうです！　そうです！

月や太陽が人をコントロールすることはない

バシャール

まず、影響という単語を使われているということは、誤解している可能性があります。太陽や月は影響を与えているのではなく、反射しているのです。**太陽や月は一人ひとりの意識の中、集合意識の中で起きていることを反映しているにすぎません。**

太陽や月が皆さんをコントロールしているのではなく、皆さんの選択に基づいて各々の意識の中で起きていることを反映しているだけです。

太陽は皆さんの文明の集合意識の元型的反映です。

地球を中心とした太陽系の集合意識の元型的反映です。

USP わかりました。ありがとうございます。

次に、眠っている間に見る夢についてうかがいたいことがあります。本当の自分を思い出していくために、夢はなにかに役立ちますか？

バシャール 夢をそのような目的に使えば、プラスになり得るでしょう。

明晰な夢を見ることができるようになったことで、私たちエササニ星人は、物質的現実においても明晰になれ、大幅に進化できました。

望めば、夢はそのように使うことができます。

USP 前にバシャールが、夜は単に暗いという性質を持つだけだとおっしゃっていましたよね。ネガティブもポジティブもなく、ただ暗いという性質を持つだけだと。夢というものが持っている性質とはなんですか？

バシャール それは、夢の内容によります。別次元で実際に体験した記憶の夢、単にマインドが情報をプロセス（処理）している夢など、いろいろなケースがあります。

HAPPY：そうですか、夢に関しては人それぞれであって、単純に一筋縄ではいかないということですね。わかりました！

USP　次、行きましょう。昨日、2日目のセッションの後、USPメンバーの4人で夕食をとっているときに、私の後ろとLICAちゃんの後ろで突然コップが倒れてこぼれたのです。そのときちょうどミーティングをしていたので、なにかのサインじゃないのかなと感じて、内容を再び練り直すという作業をしました。まず聞きたいのが、ハイヤーマインドからのメッセージが、物質次元でこういった形になってなんらかのサインを送ってきているということはありますか？

バシャール　そうですね。声とか、神様が現れることは、まったくないということはありません。起きる可能性もあります。ただし、**皆さんに届けたい情報は、物質的現実にすでに存在しているので、ほとんどの場合は非常にシンプルな方法で伝えられま**

す。 そして、水と電気は、情報を伝播するのにもっとも抵抗が少ない方法です。

ＵＳＰ ＨＡＰＰＹ：ほーーー！ 光がピカっと光ったりすることもそういう意味なのかな。それと、周囲で、携帯電話がやたら壊れることが多いのです。壊れるという現象はなにかシグナルのような気がするんですが、どうなのでしょう？

バシャール シグナルであることもあり得ますが、単純にその人が放出している周波数が高くなったことで、持っている機器の周波数と合わなくなったということもあります。そのこと自体、メッセージとしてとらえることができます。

ＵＳＰ ＬＩＣＡ：先ほどの質問に戻りますが、コップが倒れたときに行っていた打ち合わせは、あるイベントの内容を変更しようかというものだったのですが、その場合、どういうふうにとらえたらよいですか？ そうしなさいというＧＯサインでしょうか？

バシャール　内容を変えていたのですね？

ＵＳＰ　はい。

バシャール　コップの中身もこぼれたわけですね？

ＵＳＰ　はい、そうです。

バシャール　コップが倒れたときに、最初にその出来事をどう解釈しましたか？　いろいろ考えないで。コップが倒れたら、それはあなたたちにとってなにを意味しているのでしょうか。

ＵＳＰ　ＨＡＰＰＹ：そのときはなにも考えなかったです。そういうスピリチュアルなことはなにも思いませんでした。

バシャール　それがシグナルであると理解したときに、最初に思い浮かべたのはどんなことでしたか？　気がついていない意味を、今、考えてほしいといっているのではありません。そのときはどう思ったのでしょう。

USP　LICA：そのときは、「もう、これはシンクロニシティだ！」と感じて、水がこぼれたということは、なにかこう大きく波が変わるような気がしました。

バシャール　いいですね！

USP　HAPPY：ということは、こういうこと？　私たちはある程度、ポジティブに物事をとらえる意識を持っていると思うので、内容の練り直しをしたらよいんだという結果になるのですが、たとえば、自分自身を生きていない、周波数が低い意識の状態だとコップが壊れた状況をネガティブなサインととらえてしまう人もいると思うのです。

シンクロニシティに意味づけをするのは自分自身

バシャール　もちろんです。すべては、二種類の使い方ができます。しかし、**物事自体は中立であって、意味を持ちません。その意味はあなた次第です。**あなたにとって、どういう意味を持つのかなのです。シンクロニシティの定義は、あなたにとってどういう意味があるのかということです。

USP　LICA：私たちの場合はよい方にとらえたのですが、忠実なシンクロニシティが起こったことによって、自分がそのとき、とっさに、「これは豊かさだ」とか、「これは大きく波が変わる兆候だ」というふうにポジティブに意味づけすれば、それが、そのまま現実になる、現象化するということですか？

バシャール ええ、そうです。仮にそのシンクロニシティが、「あなたがやろうとしていることは、あなたの本来の波動と合っていない」と教えてくれたのであっても、それによってシフトするチャンスを得たわけですから、それを知ったことはポジティブなことです。結局は、シンクロニシティをどう解釈するかによります。

たとえば、シンクロニシティにネガティブな意味をつけたとします。しかし、それはそれで、自分が自動的にネガティブな見方をすることに気づけるチャンスをそのシンクロニシティが与えてくれたわけです。そこで自分に気がつき、そこに対してワークをすることができますね。

USP なるほど～！ 素晴らしいメッセージですね。バシャール、ありがとう！

バシャール　物事を多次元的に見てください。

ＵＳＰ　ＨＡＰＰＹ：はい！　だから、ＬＩＣＡちゃんの最初の反応というのは、今回はポジティブだったけれど、たとえば、「あ～！　グラスも割れちゃったし、きっとうまくいかないんだ」という反応になってしまう可能性もありましたよね。でも、そういう自分の反応はネガティブなビリーフに基づいたものだから、その体験によって、自分の中に潜むネガティブなビリーフを見つけることができたという気づきや発見のツールにもなるということですよね？

バシャール　その通りです。ネガティブな見方をしていることに気づければ、それをポジティブに利用することができます。

ＵＳＰ　よーくわかりました。ありがとうございます。

自分自身を知る。自分を愛する。自分自身で在る。

USP 我々のメンバーは、お互いが共鳴共振してこういった目に見えないことを伝えるという役目があると思って活動しています。それで、私たちは、過去世とか、今、未来、未来世でも必ず深いつながりがあると思っているのですが、バシャールから、私たち一人ひとりの過去世や、互いのつながり、そして未来世に向けてなにかあれば教えていただけますか？

バシャール まず、最初に、ひとつ大切なメッセージをお伝えします。

Know yourself ,Love yourself, and Be yourself.
自分を知りなさい。　自分を愛しなさい。　自分自身でいなさい。

皆さんの役割は、最大限自分自身で在ることです。目に見えない世界の情報を伝えることではありません。目に見えない世界についての情報を伝えることは、皆さんの役割を表現したものです。

USP　おーー！

バシャール　この違いがわかりますか？

USP　わかります。

バシャール

ですから、皆さんの重要な役割は、可能な限り自分自身で在るということです。それをどのようにするかは皆さん次第です。**皆さんがやっている活動は、最大限、自分自身で在ることを表現する方法です。**

そして、先ほど伝えたメッセージの、「自分を知る」、「自分を愛する」、「自分自身で在る」の中でも自分自身で在ることが、もっとも大切な役割です。自分の役割を表現する方法が自分の役割であると思ってしまうと、そればかりを行い、常にそれをやるべきだと考え、停滞してしまいます。

そうではなく、情熱に従えば、あなたの役割を別の方法で表現することができるかもしれません。わかりますか？

それと、**過去世や未来世などは、存在しないことは理解していますか？ すべてのものは同時に存在していることを理解していますか？** ですから、皆さんが過去世とか未来世と呼んでいるものは、現在の人生と似ているどんな人生とのコネクションをつけようとしているのか、ということです。わかりますか？

別のいい方をすると、お互いを結びつける別の人生につながっているかということです。わかりますか？

もしすべてが同時に存在しているなら、「私たちに共通の過去世があるのか？」と聞くことは、「並行現実においてつながりのある人は、あなたが並行現実においてつながっている人を知っている人ですか？」と聞いているのと同じです。多次元物理は、ときに混乱させられますからね。

シンプルにいえば、答えはＹＥＳです。直線的時空モデルからみたら、皆さんは共通の過去世があり、共通の未来世があります。

しかし、より正確な返事は、「皆さんは、今、この時点にいながら別の時代の人たちとつながりを創っています。この別の人たちは、皆さんが今の人生でお互いを知っているのと同じように、お互いを知っています」というものです。

この方がわかりやすいですか？

USP

はい、よくわかります。

あの～、私たちは、エササニにはいませんか(笑)？

バシャール　いるとは言いませんが、可能性としてはあります。

USP　なるほど。過去世も未来性も、今と同時に存在しているとしたら、いわゆる過去世ではないのかもしれないけど（笑）、うーん、どう聞けばいいのかな？　自分たちのつながりについてなにかひとつくらい教えてほしいな…。実は4人全員がシャーマンをやっていたことがある、もしくはやっている自分も同時進行でいるとかね（笑）。
では、とりあえず質問しますが、今の自分たちの意識になにか影響している共通する過去世というものはありますか？

バシャール　そうですね。皆さんは、今の人生で探求しているテーマに役立つような情報やエネルギーを提供してくれるような別の人生につながっています。
ただ、覚えておいてください。これは固定したものではなくて、流動的なものなのです。**皆さんが新しい人になったら、別の人生の、別の人とつながる**

ようになります。あなたの過去世は、いつも同じではありません。
皆さんの星では多くの人が、過去世は固定して変わらないものだと誤解しています。過去世は常に変わります。

たとえば、今日はイタリアの過去世とつながる必要があり、明日はギリシャの過去世とつながる必要があり、明後日はエササニでの未来世につながる必要があり、その次の日はシリウスでの未来世とつながる必要があるというように、常に変わります。

ですから、大切なのは、**「私と同時期に存在していた人生の中で、今、私がつながっている人生はどれか」**、ということですね。

今日、それを皆さんにお答えしても、明日になったら答えは変わっています。

USP　非常に流動的なんですね。わかりました。でも、しつこいようですが、少しだけでも教えてもらえませんか？　バシャールから見たら明日に変わってしまうかもしれないし、あまり意味のない質問だと思いますが、今現在の私たちメンバーのつながりを知りたいです！

バシャール

まず、皆さん全員が古代ヨーロッパの修道院での人生とつながっています。

それは似たような仕事をしているからです。今の皆さんと同じように、当時の修道院にいる4人も、スピリチュアルな情報を広めていました。

修道僧として広めていた内容と、現在皆さんが広めている内容は当然違いますけれども、当時の4人は非常に献身的にコミットしていました。皆さんは、今の仕事をする上で献身的にできるように、彼らの献身的な部分とつながっています。

献身的にという部分を強化しつつ、正しい情報をもってこられるよう、古代チベットの修道院の4人の修道僧との過去世ともつながっています。

それから、4人の古代のサムライともつながっています。

USP　（一同爆笑）。

バシャール　それから、アトランティスの過去世ともつながっています。

USP　レムリアはありますか？

バシャール　レムリアもありますが、今と同じような目的で一緒にいたのではありません。レムリアのライフスタイルは、皆さんが考える現代のライフスタイルとは、まったく違っていました。
皆さん全員はレムリアとのつながりはありますが、そのレムリアからの情報を当時と同じように使っているわけではないです。

USP　次に、我々4人の振動数について教えてください。

バシャール　(LICAに対し)14万5千7百、(FUMITOに対し)16万3千2百、(HAPPYに対し)16万3千、(YACOに対し)15万8千です。しかし、この値は常に変動しています。そのときになにに意識が向いているかによります。

USP　今の地球の、スピリチュアルを探求している人が大体10万から14万くらいの振動数と聞いたのですが、正しいですか?

バシャール　平均はそうですね。やはり変動しますけども、平均でそれぐらいです。

USP　これは毎日変わっているのですか?

バシャール　一瞬一瞬です。

神聖幾何学は物質世界での体験をするためのひな形

USP　「フラワー・オブ・ライフ（神聖幾何学）」についてうかがいます。アメリカで活動している人がきっかけだったと思いますが、精神世界系の人たちがモチーフとして使っていたり、関連本が売れていたり、近年ますます注目されています。平面でプリントされていたり、立体型のオブジェもありますが、なにか自分に必要なもののような気がしています。今、バシャールから、「フラワー・オブ・ライフ」について聞ける情報はありますか？

バシャール　そうですね。**神聖幾何学は、皆さんが物質的現実での経験を創るときに使用**

する基本のひな形（テンプレート）です。そして、これを3D、あるいは多次元的に理解することは、別次元の理解の拡大に役立ちます。

先ほども伝えたように、物事を多次元的に見ることが大切です。

多次元的にものを見ることができるようになると、存在の構造を明確に見ることができ、理解できるようになります。

USP

「フラワー・オブ・ライフ」の説明をもっと理解したいときに、あくまで日本人が理解するためなのかもしれませんが、日本の古い神様とか、古事記とか古代の歴史みたいな、そういうものにヒントがあるというイメージを受け取っているのですが、このことについてなにかご意見はありますか？

バシャール

その方法で理解しやすくなる人と、そうでない人もいるでしょう。すべては、パーミッションスリップです。理解するために、そうやって説明してもらう必要のある人もいるでしょう。しかし、別の人はそんなことはないでしょう。

覚えておいてください。**すべてのツール、テクニック、儀式、オブジェクトは、すべてパーミッションスリップです。**

しかし、いろいろな見方があり、いろいろなビリーフがあるのですから、情報がいろいろな方向や方法で届いて当然です。

なかには、集合意識に到達しやすいことから、ほとんどの人に理解される情報もあるでしょう。それらはシンプルでベーシックな構造を持った情報です。

たとえば、ストーリー仕立てになっている情報です。

ストーリーは、情報を記憶する上でもっとも強力な方法です。だから古代のストーリーという形で情報を聞くことが大切なのかもしれません。

一度理解すれば、よりもっと詳しい説明を受けても理解できるでしょうが、入り口としては、ストーリーという形もあると思います。

皆さんのフィジカルマインドの中には、ストーリー構造が組み込まれています。だからこそ、ストーリーを通して得た情報は記憶に残るのです。

ストーリーの構造に正しく沿った説明を受けると、その情報は記憶に残ります。ストーリーの構造に正しく沿っていないと、その情報は覚えていられない気がします。

USP

私たちのフィジカルマインドの中には、ストーリー仕立ての他にさまざまな構造があるということですが、他にどのような構造がありますか？

バシャール

パーソナリティのプリズムに対する理解（構造）があります。それは、すでに伝えたビリーフ、感情、思考によって構成されています。それが、皆さんのパーソナリティ（性格）です。プリズムに似た構造です。**プリズムは、ハイヤーマインドの白い光を、皆さんが物質的現実として体験するスペクトラム（分布範囲）に広げます。プリズムを構成しているのが、ビリーフ、感情、思考です。パーソナリティの構造ともいえます。**

USP　へぇ〜。光に分ける！　面白いですね！

バシャール　わかりますか？

USP　なんとなくですが、わかりました！　いつか実体験で腑に落ちるといいなぁ〜。

そろそろ、バシャールとの貴重な交信時間もあまりなくなってきてしまいましたが、2017年は人類にとってどんな年になるかバシャールからメッセージをいただけますか？

バシャール　NO！

USP　え？？　NOというその理由は？

バシャール 理由もいえません。

USP うーん（困惑&爆笑）。

バシャール 理由をいったら、いえない理由もばれてしまいますから。

USP そりゃそうですよね…。
じゃあ、すべてはよい方向に向かっていますか？

バシャール それは、皆さんが決めるのではなかったでしょうか？

USP バシャールの言葉は一つひとつがすごく深いなぁ…。その通りですね（笑）。

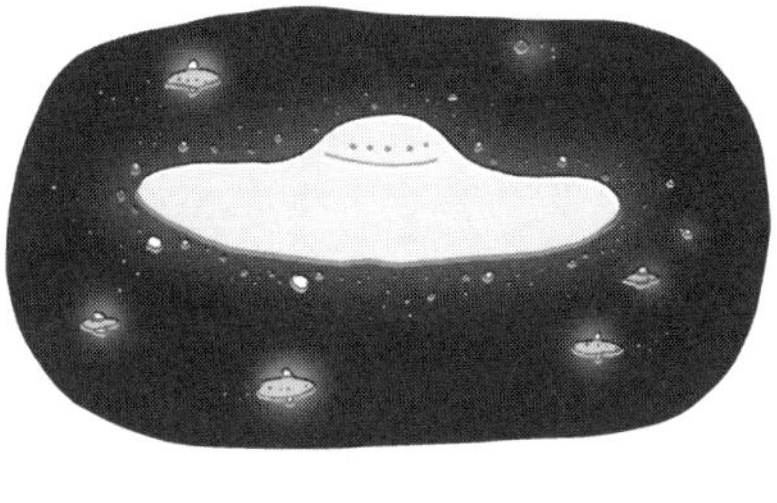

すべてのものはあなたの意識の中に存在している

USP　LICA：では、別の質問をしてもよいですか？
私も他の皆も多分一度か二度は地球以外の星に、私の場合はアルクトゥース
に一度瞑想状態のときに行った感覚になったことがあるのですが、それは、
夢を見ていたのか、それとも本当に行っていたのかを聞きたいです。

バシャール　**すべてのものは、あなたの意識の中に存在しているわけですから、夢を見ていたのと実際にアルクトゥースに行ったこととの違いはどこにあるでしょう。**
その質問に対する答えは、あなたがその２つの違いをどう規定するか、とい

うことだけです。

白昼夢を見ていたステート（状態）と、アルクトゥースにいたステートは、同じである可能性があります。すると、違いはどこにあるのでしょうか。

あなたは、「私は本当にそこに行っていたのでしょうか？」と聞きましたけども、私も質問しましょう。

「あなたは本当にここにいますか？」

USP

その返事は、YESとNOですね。

はい、両方です。ありがとうございます。

それでは、本当に最後の質問をします。実は、バシャールとの交信初日が始まる早朝に、私たちは、直感が来てトパンガマウンテンに行ったのです。トパンガマウンテンへ登っていったときに、空を見ていたらとても清いエネルギーを感じました。私はビジョンも見えていたのですが、母船なのかどうかわかりませんが、エネルギー体を感じて、4人は無言で立ちすくんでいました。真っ暗なところを歩いていたのでなにも周囲は見えませんでしたが、全員が、ある場所に行ったときにバシャールがいる、と感じました。もしかして、あのとき、私たちはそこで会っていましたか？

バシャール　これが最後の質問でよろしいですか？

USP　はい！（一同）

バシャール　はい、そうですね。会いました。

USP　やっぱりー!!　会っていたんだ！　嬉しい！（笑）

バシャール　この交信の共同創造を感謝します。
無条件の愛を皆さんに！

USP

発見と探求と遊びのエキサイティングな一日をどうぞ。

バシャール、最高にエキサイティングな3日間、本当にありがとうございました!! 進化のための素晴らしいギフトをたくさんいただきました。日本に戻って、バシャールの叡智を本にして、多くの人たちに伝えます。でも、まず私たちも自分自身で在ることが第一目的ですね！

Thank you so much,Bashar!!

「最大限、自分自身で在れ！」〜エピローグにかえて〜

さて、いかがだったでしょうか？　本編では、バシャールとの３日間のセッションをほぼあますところなく掲載させていただきました。

実は、私たち４人がバシャールとの対話の中で、何度も言われ、心に残った言葉が「自分自身で在れ！」という部分でした。

今回、バシャールは何度も何度も私たちにこのメッセージを伝えてくれていました。

本文中にも掲載していますが、２日目のセッション後の夕食をＵＳＰメンバーでとっているときに、突然、ＨＡＰＰＹとＬＩＣＡの後ろで同時にグラスの水がこぼれました。ちょうどそのとき、私たちは、帰国後の11月に行う予定だったイベントの打ち合わせをしていたのですが、なぜだかなかなか話がまとまらず、さまざまな話し合いをしていたところだったのです。そんなときに、グラスの水事件が発生しました。

「あれ、これはなにを意味するのだろう？」

早速、翌日のセッションでバシャールに聞きました。
バシャールはこう言いました。
「水がこぼれたんですよね？　それで、あなたはその瞬間どう思いましたか？」
少し考えてから、「変化だと思いました」と伝えると、バシャールはにやっとしながら「いいですね！」と答えました。

そして、LAから帰国後の2016年9月、私たち4人は決意したのです、USPの活動を無期限休止することを…。

多くの方々に支えられ、ＵＳＰは今でも順調に拡大してきていますが、私たち４人がまず自分自身で在ることが大事だとバシャールは何度も言いました。ありがたいことに４人ともそれぞれが非常に多忙で、自分たちの仕事をしながら、ＵＳＰとしても同時に活動してきましたが、本当に自分自身で在ることが出来ているのか？と自問自答したときに、今この時にいったんこのＵＳＰから離れて、それぞれが自分自身を見つめ直してみよう、そう思ったのです。

もちろん、不仲になったから解散（笑）、とか、なにかネガティブな意味の活動休止ではありません。私たちが私たちでなければ、他人のことも幸せにできない、まずは私たちが私たちで在ること、そこにもっと、もっと、フォーカスして生きてみたいと思ったのです。バシャールとのセッションを終えた後、４人全員がまったく同じ気持ちでいたことも不思議です。これもきっと宇宙の意思であり、天の配剤なのですね。

バシャール、ありがとう！！　バシャールの強く愛に満ちたあのときのメッセージを私たちはしっかり受け取り、迅速にベストな行動に移せたと信じています。

「最大限、自分自身で在れ」

このメッセージを心に刻んで、自分たちの心の宇宙をクリエイトしていきます。

結果的に、本書はＵＳＰにとっては初の共著であると同時に、最後の本となってしまいますが、これを２０１６年の秋という地球大変革のタイミングで出版できることは、我々にとっても最高の喜びですし、すべて意味のあることなのでしょう。そして、すべての出来事はとてもポジティブに未来へとつながっていますし、すべてはベストタイミングで起こっています。

私たちは自分たちの未来が楽しみで仕方ありません。３日間のセッション後に私たち4人に突然起こった人生の転機、決断、変化…。この選択と、これからの自分たちの未来の展開にものすごくワクワクしています。

そして、これは誰にでも、明日にでも、起こるミラクルです。今、本書を読んでくださっている貴方にも！

本書がきっかけとなって、一人でも多くの方が、自分の心の宇宙を見つけられますように。そして、偽物や借り物でなく、愛とワクワクと情熱にあふれたあなた自身の本物の人生を送れますように。

私たちも、自分自身で在ることにフォーカスして、精一杯生きて、進化成長していきます。そして、バシャール、また必ず逢いにいきます！

２０１６年11月吉日　ＵＳＰ一同

著者紹介

HAPPY　はっぴー

ベストセラー作家、パワーブロガー。幼少期より「生きる」とはなにかの答えを探求。書物を通じて様々な人生を学び、2013年冬に出会った一冊の本、ヒックス夫妻によるエイブラハムの『引き寄せの法則』に感銘を受け、ひとつの夢を持つようになる。「自分が本で心が救われたように、自分の書く文章で誰かの人生が変わるきっかけになれば」との思いで、本の出版という大きな夢に向け2014年3月27日にブログ『世界は自分で創る』を開設。リアルタイムに自身の変化を綴りながら、「引き寄せの法則」について書かれたブログは瞬く間に人気となり、半年で夢だった出版を実現。ブログのアクセス数は1日25万、1000人規模のセミナーが数分で満席になるなど、その後も加速度的にファン層や活躍の場を広げている。どこにでもいるごくごく普通の30代女性。著書に『世界は自分で創る(上)』(ヒカルランド)、『"奇跡は自分で起こせる!"「3日後」引き寄せ日記』(大和出版）などがある。

http://ameblo.jp/ses-happy/

FUMITO　ふみと

クリエイティブプロデューサー、空間演出家、写真家、パラレルアース㈱代表。東北の神社の家系に生まれ、自身も國學院大學にて神職の資格を得て、神職としても活躍。幼い頃より「共感覚」という知覚によって、見えないものに対する鋭い感覚を持ち成長する。現在、某有名海外ファッション、コスメブランドなどのショーやパーティーなどのイベントプロデューサーとして数々の企業イベントを手掛ける。東日本大震災をきっかけに、目にみえない存在からの目にみえるメッセージを受け取り、すべては愛と感謝と光であると体感。以降、パートナーのLICAとともに、内なる世界に関する講演やWS、スクール、執筆活動等を行う。著書に『幸運を呼び込む不思議な写真』(サンマーク出版)、LICAとの共著『次元間トラベリング』『シンクロニシティカード』(ともにヒカルランド）などがある。また、音楽の方面でも、LICAと共に『YES！の魔法』『シンクロニシティミュージック』(キングレコード）でデビュー。

http://ameblo.jp/parallel-earth/

YACO　やこ

TVディレクター、イベントプロデューサー。大学で演劇とDrama,Theatre & TV Studiesを学び、ロンドンMiddlesex Universityにて映像制作を学ぶ。制作会社にてファッション番組「ファッション通信」や音楽番組「The Beat」などの番組制作、ロンドンで撮影される日本のドラマの海外収録、ミュージシャンのコーディネーターなどの仕事をする。2009年よりフリーランスとして活動開始。NHK国際放送の英語ファッション番組「TOKYO FASHION EXPRESS」の制作、BSフジのドキュメント番組「夢の食卓」を手がける。他に、NHK90周年を記念したイギリスの大英博物館と共同制作したラジオ特番「100のモノが語る世界の歴史」なども手がける。2014年からは、ディレクターの活動を続けながら、新たに、人間の心の内側からの豊かさと人生を楽しんで生きるためのノウハウを伝えるライフワークもスタートし、企画&プロデュース。ブログではオラクルカード「シンクロニシティカード」の人気リーダーとしても活躍。

http://ameblo.jp/purepure3939/

LICA　りか

ファッションデザイナー、「zechia」総合衣装プロデューサー、作家。24歳でファッションブランドを立ち上げ、パリコレクションなど世界のファッションショーに参加し、デザイナーとしての夢を実現。MISIAの「アジアツアー」衣装総合プロデューサーとしても活躍。アートプロジェクト「TOKYO RECYCLE PROJECT」を米国のスミソニアン博物館、オーストラリアのパワーハウスミュージアムなどで発表し話題になる。一方で、幼少の頃から知覚していたスピリチュアルな経験を、植物療法やレイキなどを通じて再認識、さらに米国・セドナへの訪問を機に体感した「本来の自分に戻る旅」の素晴らしさを伝えるため、講演やWS、スクール（スピクリンクスクール）などを通じて活動開始。著書に『天使が教えてくれたおしゃれの法則』(サンマーク出版)、『人生が輝きだす　YES!の魔法』(宝島社)、FUMITOとの共著『次元間トラベリング』『シンクロニシティカード』(ともにヒカルランド)などがある。

http://ameblo.jp/parallel-earth/

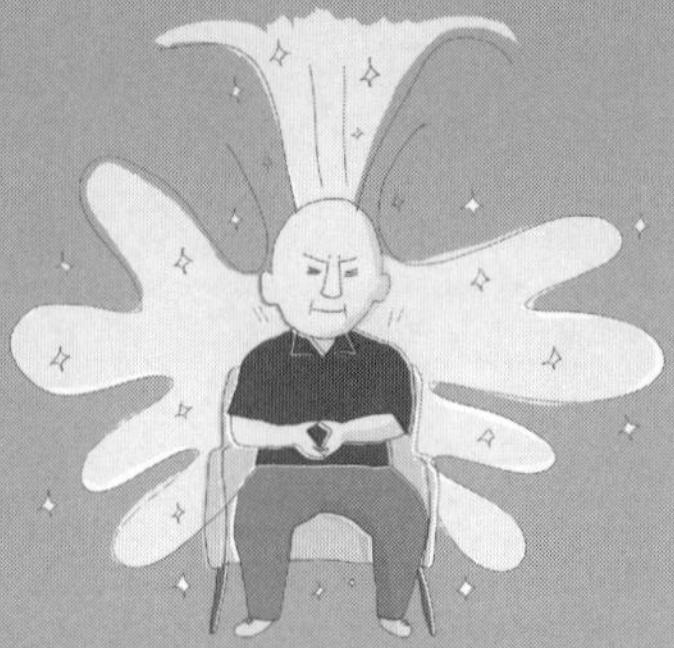

ダリル・アンカ

バシャールとの合意のもと、1984 年以来、世界各地でチャネラーとして活躍。現在はロサンゼルスを中心に活動中。ハリウッドの映像産業を担う、特撮デザイナーでもある。著書に『バシャールペーパーバック・シリーズ（全8巻）』、『未来は、えらべる！』、『バシャール 2006』、『BASHAR GOLD』、『バシャールスドウゲンキ』、『バシャール × 坂本政道』、『人生に奇跡を起こすバシャール名言集』、『バシャールのワクワクの使い方実践編』、『その名は、バシャール』（VOICE）などがある。

バシャール

ダリル・アンカがチャネルする宇宙存在。1987 年の初来日以来、「ワクワクすることをして生きよう」をはじめとする斬新で真理をついたメッセージは、多くの日本人の生き方に影響を与え、書籍シリーズは累計 200 万部を突破。

編　集　　北條明子（HODO）
デザイン・DTP　細谷毅（HODO）
装　幀　　藤井由美子
イラスト　ヤブキユミ

あ、バシャールだ！
地球を遊ぶ。地球で遊ぶ。

2016年12月12日　初版発行

著　者　　ダリル・アンカ
HAPPY／LICA／FUMITO／YACO
通　訳　　島田真喜子
発行者　　大森浩司
発行所　　株式会社 ヴォイス 出版事業部
〒106-0031 東京都港区西麻布3-24-17 広瀬ビル
TEL 03-5474-5777（代表）
TEL 03-3408-7473（編集）
FAX 03-5411-1939
http：//www.voice-inc.co.jp/

印刷・製本　株式会社光邦

落丁・乱丁の場合はお取り替えします。

ISBN978-4-89976-459-5

バシャールのワクワクシステムを本から学ぶ

バシャールのワクワクの使い方実践編

“バシャールール”がわかれば、必ずお金と豊かさが手に入る

定価：1200円＋税　バシャール（ダリル・アンカ）著／本田健訳・解説／新書・上製265頁

人生に奇跡を起こすバシャール名言集

200万部突破の「バシャール」シリーズ珠玉のメッセージを一冊に凝縮。
ベストセラー作家本田健氏のわかりやすい解説で、バシャールの名言がさらに身近になる!

定価：1,200円+税　バシャール（ダリル・アンカ）著／本田健訳・解説／新書上製192頁

新書判 未来は、えらべる！ バシャール 本田健

ふたりのベストセラー作家が対談。私たちの未来は、私たちがえらべる！
そしていよいよ新しい時代がはじまる!!

定価：800円+税　バシャール（ダリル・アンカ）＆本田健／通訳：島田真喜子／新書並製240頁

バシャールペーパーバックシリーズ 全8巻

オリジナルバシャール決定版。日本人の生き方を変えたベストセラーシリーズ。

バシャール（チャネル：ダリル・アンカ）／通訳：関野直行 ⑦北村麻紀 ⑧くまり莞奈子

BASHAR GOLD

黄金期のバシャールを集約！ 私たちの「認知」を扱った「リアリティ3部作（世界は比喩である+世界を癒す+世界を構築する）」と「1-3-5-7の実現法則」は歴史に残るコンテンツとなった。

定価：2,100円+税　バシャール（ダリル・アンカ）／通訳：関野直行／A5並製352頁

バシャール×坂本政道 人類、その起源と未来

アヌンナキ、ピラミッド、分岐していく現実のパラレル・アース。
ヘミシンク第一人者坂本政道との対話記録。

定価：1,900円+税　バシャール（ダリル・アンカ）＆坂本政道／通訳：大空夢湧子／四六上製312頁

バシャール スドウゲンキ

神はサイコロを振るか？ 地球の未来は？ 須藤元気がバシャールから引き出した
時空を超えた全対話記録。

定価：1,500円+税　バシャール（ダリル・アンカ）＆須藤元気／通訳：大空夢湧子／四六上製220頁

その名は、バシャール

人気ブログ「笑えるスピリチュアル」、「引き寄せの法則」ブームの立役者
さとうみつろうと宇宙存在バシャールとのセッションを書籍化。

定価：1,600円+税　バシャール（ダリル・アンカ）&さとうみつろう／通訳：島田真喜子／四六並製356頁

バシャールのワクワクシステムを映像から学ぶ

引き寄せるNew reality!! VOICE DVDシリーズ

バシャール・チャネリングDVDシリーズ

★BASHAR GOLDのもとになったワークショップ映像
※Q&Aの一部は内容により他の章に収録
★全タイトル日本語通訳付

バシャールのユニークな世界認識が映像の中で展開する！　書籍「バシャールゴールド」のベースとなった、バシャールが日本の精神性にもっとも大きなインパクトを与えていた時期の強力コンテンツ。

【全5タイトル完全セット】 定価：28,333円＋税 ISBN978-4-89976-256-0（各巻別売りあり）

創造する舞台 1357の実現法則 in 鎌倉能舞台
122分×2枚 定価：9,333円＋税
ISBN978-4-89976-252-2

世界は比喩である（3部作その1）
146分 定価：4,750円＋税
ISBN978-4-89976-253-9

世界を癒す（3部作その2）
147分 定価：4,750円＋税
ISBN978-4-89976-254-6

世界を構築する（3部作その3）
135分 定価：4,750円＋税
ISBN978-4-89976-255-3

公開Q&A
122分 定価：4,750円＋税
ISBN978-4-89976-251-5

あなたの「ワクワク」が、人生を劇的に向上させる。
ロングセラー「ワクワク人生探求プログラム」SOURCE

「大好きなことの」のチカラで、
人生を大発展させる!!

◆**書籍「ソース」** 定価：1,500円＋税／四六判ハードカバー／320頁 ISBN978-4-900550-13-1
あなたの「ワクワク」に宿る奇跡の力、ソースを実行するための6つの方法論などを具体的・実践的に語ったロング＆ベストセラー。

第一部　あなたのワクワクに宿る軌跡の力
第二部　誰もが信じているウソ
第三部　ソースを実行するための、六つの方法論
第四部　人生の方向性と仕事とお金
第五部　ワクワク人生を生み出す四つの条件
第六部　ソースの車輪

デジタル版『ソース』（1,200円+税）
Kindleストアにて好評販売中！